CÍCERO

EDIÇÃO BILÍNGUE
Português e Latim

MANUAL DO CANDIDATO ÀS ELEIÇÕES

CARTA DO BOM ADMINISTRADOR PÚBLICO

PENSAMENTOS POLÍTICOS SELECIONADOS

CB066674

NOVALEXANDRIA

EDIÇÃO BILÍNGUE
Português e Latim

CÍCERO

MANUAL DO CANDIDATO ÀS ELEIÇÕES

CARTA DO BOM ADMINISTRADOR PÚBLICO

PENSAMENTOS POLÍTICOS SELECIONADOS

Seleção, tradução, notas e apresentação de
Ricardo da Cunha Lima

NOVALEXANDRIA

São Paulo - 2020

Título Original: *Commentariolum Petitionis*
Epistvlae ad Qvintvm Fratrem, I, 1
Selectae Ciceronis Sententiae

©Copyright 2020. Editora Nova Alexandria Ltda.

Todos os direitos reservados
Editora Nova Alexandria Ltda.
Rua Eng° Sampaio Coelho, 111
CEP 04261-080 São Paulo - SP
Fone/fax: (11) 2215-6252
E-mail: novaalexandria@novaalexandria.com.br
Site: www.editoranovaalexandria.com.br

Revisão: Maria Luiza Favret
Assistência Editorial: Augusto Rodrigues
Capa, Projeto Gráfico e Editoração: Mauricio Mallet Art & Design

DADOS INTERNACIONAIS DE CATALOGAÇÃO

Cícero, Marco Túlio. 106 a.C. - 43 a. C.
Manual do Candidato as Eleições, Carta do Bom Administrador Público, Pensamentos Políticos Selecionados / Cícero; Seleção, tradução, apresentação e notas de Ricardo da Cunha Lima - São Paulo: Nova Alexandria, 2020.
164 p.

Edição Bilíngue
ISBN: 978-65-86189-14-8

1. Política 2. Filosófia 3. História

CDD 188

Índice para catalogação sistemática:
1. Estoicismo: Filosofia antiga 188

SUMÁRIO

A Política de Ontem e Hoje	9
Commentariolum Petitionis	18
Manual do Candidato às Eleições	19
Epistvla Prima Ad Qvintvm Fratrem	76
Carta do Bom Administrador Público	77
Selectae Ciceronis Sententiae	132
Pensamentos Políticos Selecionados	133

CÍCERO

**MANUAL DO CANDIDATO ÀS ELEIÇÕES
CARTA DO BOM ADMINISTRADOR PÚBLICO
PENSAMENTOS POLÍTICOS SELECIONADOS**

Seleção, tradução, notas e apresentação de
RICARDO DA CUNHA LIMA

A POLÍTICA DE ONTEM E HOJE

A palavra "candidato" provém do latim candidatus, pois os que disputavam as eleições na Roma antiga, a fim de chamar a atenção do povo, trajavam uma vestimenta branca e brilhante, denominada toga candida. Mas não é apenas o vocabulário que herdamos da República romana: muitos elementos do sistema eleitoral e de nossa própria cultura política são revelados com notável franqueza ao longo deste volume, composto por três seções.

A primeira delas consiste em uma carta de Quinto Cícero enviada a seu irmão, o famoso político e orador Marco Túlio Cícero, então candidato ao consulado, apresentando sem meias palavras uma série de conselhos para a vitória nas eleições.

A segunda, uma carta escrita quatro anos depois por Marco ao irmão, expõe seus anseios em relação ao governo da província da Ásia. Preocupado com o prestígio político da família, ele estimula Quinto a cumprir o mandato com primor, fazendo diversas recomendações acerca da arte de governar.

A terceira seção traz uma antologia de pensamentos de Cícero. Extraídos das mais variadas fontes, abrangem desde confissões de bastidores da política, contidas em suas cartas pessoais, até parágrafos de reflexão, persuasivos e eruditos, presentes em tratados políticos e filosóficos.

INTRODUÇÃO

Todo o conjunto, de uma atualidade surpreendente, leva-nos a constatar a acentuada semelhança entre as práticas políticas de hoje e de dois mil anos atrás.

Por outro lado, há também muitas diferenças, próprias de distância no tempo e das modificações na estrutura social. Assim, para evitar disputas intensas e também para que os cargos não fossem vistos como regalias, mas sim como serviços a serem prestados à nação, promoviam-se, com frequência, sorteios para o preenchimento de postos; dessa forma, não era o governador quem escolhia a província que ia governar, mas em geral esta lhe era designada.

Cabe ter em mente, também, que no sistema romano os políticos subiam progressiva e gradualmente de cargo, exercendo obrigatoriamente funções inferiores antes de atingir escalões mais importantes. Com isso, apenas um membro do Senado que já tivesse sido pretor poderia candidatar-se a cônsul, a posição mais elevada da carreira.

Ademais, os cargos eram ocupados por períodos mais curtos e havia um rodízio mais intenso nas funções: o cônsul, por exemplo, era eleito por apenas um ano; aos que deixavam esse cargo eram atribuídas novas tarefas; não havia reeleição, e muito raramente uma mesma pessoa voltava a ocupar a cadeira consular: o caso de Crasso e Pompeu, políticos influentes que exerceram o consulado em 70 a.C. e tornaram a fazê-lo quinze anos depois, em 55, é uma exceção, e a reeleição consecutiva de Júlio César por três anos, entre 46 e 44 a.C., já estava inserida na desordenação da guerra civil. Outra diferença marcante é que eram eleitos dois cônsules por ano.

Todas essas práticas destinavam-se a preservar o ideal de um sistema republicano em que a estrutura administrativa suplantasse o personalismo dos políticos. Na prática, correntes partidárias agregavam-se em torno de lideranças carismá-

ticas, independentemente do cargo ocupado por elas. Havia uma grande briga de bastidores e um intenso debate político travado em especial no Senado. Outra consequência desses e de outros mecanismos era a restrição no acesso ao poder, concentrado nas mãos de poucas famílias oligárquicas: o restante da sociedade tinha enorme dificuldade de ascensão.

OS IRMÃOS CÍCERO

Um detalhe pouco observado é que Cícero não é o primeiro nome, mas o sobrenome (em latim, cognomen) que designa um ramo familiar da cidade de Arpinum, a cerca de oitenta quilômetros ao sul de Roma. O mais famoso dos irmãos é Marco Túlio Cícero, político e advogado de fama inigualável, figura das mais conhecidas do mundo clássico. Nascido em 3 de janeiro de 106 a.C., foi protagonista dos principais episódios que resultaram no fim do sistema republicano e início do Império. Começou a carreira política (cursus honorum) em 75 a.C., com o cargo de questor (controlador de contas públicas) na Sicília, e, apoiando-se no talento oratório, experimentou uma ascensão constante (foi edil curul em 69 e pretor em 66). Finalmente, exerceu a função de cônsul em 63 a.C. No segundo semestre desse ano, enfrentou a conspiração fomentada por Catilina, adversário derrotado nas eleições. Nessa ocasião, impôs a pena de morte a membros da aristocracia envolvidos na conjuração. Seus desafetos políticos se aproveitaram desse fato para acusá-lo de abuso do poder e, em 58 a.C., ele foi banido de Roma. Seu retorno (classificado por ele mesmo de "glorioso") deu-se em setembro do ano seguinte, após completar dezessete meses de exílio. Nos anos seguintes, Cícero ainda teria uma participação ativa nos fatos políticos de Roma e, em 51 a.C., foi governador da província da Cilícia. No entanto, com a

INTRODUÇÃO

concentração de poderes nas mãos de Pompeu e Júlio César e, a seguir, com o início da guerra civil (em 49 a.C.), o espaço de Cícero na cena política torna-se menor, e ele aproveita essa ocasião para dedicar-se a atividades intelectuais. Em 43 a.C., após o assassinato de Júlio César, Caio Otávio, na época ainda conhecido por Otaviano, forma com Marco Antônio e Lépido um triunvirato, que decreta uma série de proscrições, inclusive a de Marco Cícero, de seu irmão Quinto e de seu sobrinho. Em consequência, no dia 7 de dezembro desse mesmo ano, Marco Túlio Cícero é assassinado.

Quinto Túlio Cícero, irmão quatro anos mais jovem, também seguiu a carreira política. Em 67 a.C., tornou-se edil e, em 62, pretor. De 61 a 59, foi governador da província da Ásia. Ocupou, a seguir, diversos cargos públicos e foi secretário do irmão, quando este governou a Cilícia, em 51 a.C. Por motivo desconhecido, ambos tiveram uma forte desavença por volta de 48 a.C. Mas, com exceção desse período, foram muito ligados e suas carreiras políticas estiveram continuamente vinculadas, a ponto de frequentemente usarem a expressão "nosso prestígio". Proscrito junto com seu irmão, Quinto foi assassinado poucos dias antes dele, em dezembro de 43 a.C.

****

O pensamento político de Marco Túlio Cícero defende com ardor o ameaçado sistema republicano então vigente, repudiando todo o tipo de ditadura (seja a de um homem só, seja a da massa popular), todo tipo de imposição. Nesse sentido, a única instância legítima para as decisões é o debate político, a única arma é a persuasão.

Em termos ideais, prega o poder em mãos de uma elite política bem preparada e esclarecida, que governe para o bem

geral e não tenha em vista apenas seus próprios interesses. Sua proposta prevê a comunhão de todos, num equilíbrio pacífico e consensual de forças que contemple e satisfaça na maior medida possível todos os grupos da sociedade.

Na prática, embora lutasse por suas convicções, acabou sendo favorável à aristocracia e assumindo posições moderadas e conservadoras, condenando com veemência reformas políticas profundas e promovendo permanentemente uma política de alianças.

AS ELEIÇÕES DE 64 a.C.

Tendo galgado os mais importantes postos políticos, Marco Cícero vislumbra a oportunidade de conquistar o consulado de 63 a.C. Com efeito, Cícero, embora não provenha de família patrícia (aristocrática), é considerado pela elite mais confiável que seus adversários de origem nobre e descendentes de ex-cônsules.

Os dois concorrentes mais fortes são Caio Antônio Híbrida e Lucio Sérgio Catilina. Ambos ostentavam um passado pouco respeitável, passavam por dificuldades econômicas e procuravam captar a seu favor todo tipo de insatisfação. Antônio começou a carreira a serviço de Sula na Grécia, ocasião em que foi acusado de diversos abusos, mas terminou se livrando da condenação. Sem brilho próprio e constantemente acusado de irregularidades (a ponto de ser expulso do Senado em 70 a.C.), dependia de alianças, que o levaram a alterar sua posição política muitas vezes. Assim, após tornar-se pretor em 66 com o apoio de Cícero, nas eleições de 64 formou uma coalizão com Catilina. Quanto a este, sua trajetória política foi marcada por notícias de violência e dos mais diversos abusos. Na época das proscrições promovidas por Sula, comandou assassinatos políticos. Em 68 a.C., foi eleito

pretor e, nos dois anos seguintes, governou a África. Sua gestão foi criticada e considerada corrupta, mas ele conseguiu escapar ileso do processo, graças à compra dos jurados. Além da má conduta na esfera pública, pesavam contra ele acusações de caráter privado, como crimes de luxúria e até incesto com a irmã. Em 64, candidatou-se ao cargo de cônsul, mas seu temperamento violento e obsessivo o afastou dos aristocratas, que acabaram elegendo Cícero por grande maioria e, por uma pequena margem de voto, deram a segunda vaga do consulado para Antônio.

Catilina voltou a concorrer no ano seguinte, mas, diante de uma nova derrota, promoveu uma conspiração para tomar o poder à força e assassinar Cícero. Este, já reconciliado com Antônio, desbarata a conjuração. Catilina toma a frente de um exército revolucionário, mas é derrotado e morto em batalha em janeiro de 62 a.C.

Como vimos, Cícero ainda sofreria com os desdobramentos desse episódio: como retaliação por haver mandado matar cinco aristocratas envolvidos na conspiração, acaba exilado.

O GOVERNADOR DA ÁSIA

Tendo optado pela carreira política, Quinto Cícero é designado governador da Ásia em 61 a.C. O mandato, de apenas um ano, é prorrogado uma primeira vez e, no fim de 60 a.C. há uma nova prorrogação, da qual fala Marco Cícero em sua carta.

A prorrogação do mandato pela segunda vez não é bem recebida por Quinto, que se vê afastado de Roma, cidade plena de atrativos e centro das decisões políticas. Ademais, a grande vantagem de governar uma província, que era a possibilidade de enriquecimento rápido, não seduzia Quinto, que não cedia à corrupção. Com isso, a administração da província era mais um fardo que uma recompensa.

Os maiores problemas de Quinto advinham de seu gênio irascível e de uma severidade considerada excessiva. Apesar de firme, honesto e dedicado ao trabalho, de algumas façanhas militares e de uma certa produção como escritor, não atingiu o mesmo patamar político e intelectual do irmão.

AS PALAVRAS DE UM MESTRE DA POLÍTICA

A antologia de pensamentos de conteúdo político foi concebida como um complemento aos dois primeiros textos. Além de trechos que revelassem um elo evidente e imediato com o assunto das cartas, procurou-se estender a seleção a pensamentos teóricos ou a excertos que apontassem outros elementos da atividade política. O resultado conservou o ecletismo das fontes, configurando um amplo painel de assuntos relacionados ao mundo da política.

Ao contrário de um autor latino como Sêneca, mestre na arte de cunhar frases curtas e sentenciosas, Cícero sobressai pela construção e composição geral, pelo encadeamento argumentativo, pela tessitura dos parágrafos. Portanto, complica-se a tarefa de selecionar trechos curtos, que mantenham o interesse e não sejam afetados pela ausência de contexto. Por outro lado, Cícero é o escritor latino com o mais extenso material preservado. Apenas as cartas que sobreviveram até nós ultrapassam o total de oitocentos. Ademais, há discursos e obras filosóficas, retóricas e políticas, completando um riquíssimo corpus de pesquisa.

****

Devido ao interesse histórico e político, os dois primeiros textos do presente volume têm sido publicados continuamente em diversos países – França e Espanha são os exem-

INTRODUÇÃO

plos mais recentes. Entretanto, apenas aqui se acrescentou esta seleção de pensamentos, transformando este livro em uma proposta inédita.

COMMENTARIOLUM PETITIONIS

MANUAL DO CANDIDATO ÀS ELEIÇÕES

COMMENTARIOLUM PETITIONIS

Qvintvs Marco Fratri Salvtem Dicit
Romae, a.u.c. 690

I

1. Etsi tibi omnia suppetunt ea quae consequi ingenio aut usu homines Laut intelligentia possunt, tamen amore nostro non sum alienum arbitratus ad te perscribere ea quae mihi veniebant in mentem dies ac noctes de petitione tua cogitanti, non ut aliquid ex his novi addisceres sed ut ea quae in re dispersa atque infinita viderentur esse ratione et distributione sub uno aspectu ponerentur.

2. Civitas quae sit cogita, quid petas, qui sis. prope cotidie tibi hoc ad forum descendenti meditandum est 'novus sum, consulatum peto, Roma est.' nominis novitatem dicendi gloria maxime sublevabis. semper ea res plurimum dignitatis

MANUAL DO CANDIDATO ÀS ELEIÇÕES

De Quinto Túlio Cícero ao irmão Marco.
Roma, ano 64 a.C.

I

1. Embora você tenha de sobra tudo o que as pessoas podem obter através do talento, da experiência ou do esforço, eu acho que, em nome do nosso afeto, não seria demais lhe escrever o que me tem vindo à cabeça, dia e noite, quando penso em sua candidatura às eleições — não para que você aprenda alguma novidade, mas para que essas coisas que no dia-a-dia parecem dispersas e indefinidas sejam dispostas com método e organização, sob um único ponto de vista. Apesar de os dons naturais valerem muito, parece-me que, numa campanha de poucos meses, um perfil bem forjado pode falar mais alto que a natureza.

2. Pense bem no seguinte: Que cidade é essa? Que cargo você pleiteia? Quem é você?

Praticamente todos os dias, quando estiver indo para o fórum, você deve relembrar: "Sou um homem novo, quero o consulado, aqui é Roma."[1]

---

[1] Essas três ideias são fundamentais para a compreensão do texto: "homem novo" é o candidato que, não tendo origem nobre, parte de condições inferiores para atingir as posições

habuit. non potest qui dignus habetur patronus consularium indignus consulatu putari. quam ob rem quoniam ab hac laude proficisceris et quicquid es ex hoc es, ita paratus ad dicendum venito quasi in singulis causis iudicium de omni ingenio futurum sit.

3. Eius facultatis adiumenta, quae tibi scio esse seposita, ut parata ac prompta sint cura et saepe quae de Demosthenis studio et exercitatione scripsit Demetrius recordare, deinde ut amicorum et multitudo et genera appareant. habes enim ea quae non multi homines novi habuerunt, omnis publicanos, totum fere equestrem ordinem, multa propria municipia, multos abs te defensos homines cuiusque ordinis,

A condição de "homem novo" você compensará principalmente com seu prestígio como orador. A eloquência teve, sempre, enorme importância. Não é possível que alguém digno de atuar como advogado de cônsules seja considerado indigno do consulado.

Portanto, já que você usou essa fama como trampolim e tudo o que você é deve a isso, trate de se apresentar muito bem preparado para os discursos, como se em cada um dos processos estiver em julgamento toda a sua capacidade.

3. Cuide para que os recursos auxiliares da oratória, que eu sei que você mantém de reserva, estejam prontos e disponíveis, e com frequência se lembre do que Demétrio escreveu a respeito do esforço e do treino constante de Demóstenes[2].

Em seguida, faça com que fiquem evidentes o grande número e a variedade de seus amigos; de fato, que o "homem novo" do passado se compara a você nesse ponto? — a você, que tem a seu lado todos os publicanos[3], quase toda a ordem

---

políticas mais importantes, especialmente a de cônsul. Como esse cargo era praticamente reservado a membros de famílias aristocráticas, o "homem novo" tinha de enfrentar muitas resistências e preconceitos. O próprio termo, aliás, designa o fato de ele ser o primeiro em sua família a atingir tal status. O consulado era a função pública mais elevada, um equivalente do nosso presidente da República. Cabe notar que, pelo sistema romano, elegiam-se dois cônsules de cada vez. Roma designa tanto a capital da República romana, uma metrópole populosa e de feições cosmopolitas, principal cidade ocidental da época, quanto a Republica romana como um todo, um país de vasta extensão que, na época de Cícero, já dominava o mundo mediterrâneo, ocupando parte da Europa, Oriente Médio e Norte da África, impondo-se sobre dezenas de povos.

[2] Demóstenes (384-322 a.C.), considerado na Antiguidade (inclusive por Cícero) o maior orador entre os gregos. Mesmo ele necessitava de treino constante para se aprimorar e atingir a excelência. Demétrio de Falero, filósofo peripatético e estadista nascido por volta de 350 a.C., escreveu tratados de retórica.

[3] Os publicanos eram os coletores de impostos, pessoas que, através de leilões, adquiriam uma concessão do Estado para explorar esse serviço. O contrato de concessão recebia o nome de *publicum*, daí derivando *publicanus*. Em geral, provinham da ordem equestre (ver nota 4) e tornavam-se pessoas influentes e ricas. Talvez, o mais famoso dos publicanos, para nós, seja o apóstolo São Paulo.

aliquot collegia, praeterea studio dicendi conciliatos plurimos adulescentulos, cotidianam amicorum assiduitatem et frequentiam.

4. Haec cura ut teneas commonendo et rogando et omni ratione efficiendo ut intellegant qui debent tua causa, referendae gratiae, qui volunt, obligandi tui tempus sibi aliud nullum fore. etiam hoc multum videtur adiuvare posse novum hominem, hominum nobilium voluntas et maxime consularium. prodest quorum in locum ac numerum pervenire velis ab iis ipsis illo loco ac dignum numero putari.

5. Ii rogandi omnes sunt diligenter et ad eos adlegandum est persuadendumque iis nos semper cum optimatibus de re publica sensisse, minime popularis fuisse; si quid locuti populariter videamur, id nos eo consilio fecisse ut nobis Cn. Pompeium adiungeremus, ut eum qui plurimum posset aut

equestre[4], muitos municípios fiéis, muitos homens defendidos por você e pertencentes a todas as classes sociais, um bom tanto de associações, além de um grande número de jovens, atraídos até você pelo gosto da oratória, e a visita cotidiana de uma multidão de amigos.

4. Trate de conservá-los dando conselhos, fazendo pedidos ou de todo modo se empenhando para que compreendam, os que lhe devem um favor, que é hora de retribuir, e os que se mostram interessados, que não haverá outra ocasião para ter você em dívida com eles.

Também o seguinte parece capaz de ajudar bastante um "homem novo": a simpatia dos aristocratas e sobretudo dos ex-cônsules. É muito útil, se você quer figurar no rol e na companhia deles, que eles próprios o considerem digno dessa posição e companhia.

5. Eles todos devem ser cabalados com ardor; você deve enviar amigos até eles e convencê-los de que nós sempre nos alinhamos com a opinião política da aristocracia, que de jeito nenhum fomos do partido "popular"[5].

Se pareceu que andamos falando uma ou outra coisa ao agrado do povo, fizemos isso com o propósito de atrair Cneu Pompeu[6] para o nosso lado, a fim de que ele, que tem muito

---

[4] A ordem equestre ou de cavaleiros, a que pertencia Cícero, tem origem militar; com o tempo, sua participação no exército declinou, mas, como grupo social, sua influência e seu poder político permaneceram, conhecendo o apogeu na época de Cícero, que estimulou uma aliança entre ela e o Senado (dominado pela aristocracia). Os membros da ordem equestre eram, em geral, mais jovens e de origem familiar variada, indo desde publicanos e comerciantes abastados até membros de famílias influentes do interior.

[5] Naquele momento político, predominavam duas correntes partidárias: a conservadora, alinhada com a aristocracia, e a popular, de cunho mais democrático e favorável a reformas.

[6] General importante e político identificado com algumas causas populares, era um dos nomes de maior peso político na época de Cícero. Mais tarde, formou o chamado "Primeiro Triunvirato" ao lado de Crasso e Júlio César. Com a morte de Crasso, disputou e perdeu para Júlio César o comando da República romana.

amicum in nostra petitione haberemus aut certe non adversarium.

6. Praeterea adulescentis nobilis elabora ut habeas vel ut teneas, studiosos quos habes; multum dignitatis adferent. Plurimos habes; perfice ut sciant quantum in iis putes esse. si adduxeris ut ii qui non volunt cupiant, plurimum proderunt.

II

7. Ac multum etiam novitatem tuam adiuvat quod eius modi nobiles tecum petunt, ut nemo sit qui audeat dicere plus illis nobilitatem quam tibi virtutem prodesse oportere. nam P. Galbam et L. Cassium summo loco natos quis est qui petere consulatum putet? vides igitur amplissimis ex familiis homines, quod sine nervis sunt, tibi paris non esse. at Antonius et Catilina molesti sunt.

8. Immo homini navo, industrio, innocenti, diserto, gratioso apud eos qui res iudicant, optandi competitores ambo a puemitia sicarii, ambo libidinosi, ambo egentes. Eorum alterius bona proscripta vidimus, vocem denique audivimus

poder, ou fosse nosso aliado nas eleições ou, pelo menos, não fosse um adversário.

6. Além disso, se esforce para ter com você os jovens da aristocracia ou manter empolgados os que já tem: eles vão lhe acrescentar muito prestígio. Você já tem um grande número; faça com que entendam como os considera importantes. Se você conseguir a adesão entusiasmada dos que lhe são indiferentes, eles serão de grande valia.

II

7. E também é de grande ajuda à sua condição de "homem novo" o fato de que você está concorrendo com aristocratas de um caráter tal que não haverá ninguém que ouse dizer que conta mais a origem a favor deles que sua excelência moral a seu favor.[7]

Com efeito, Públio Galba e Lúcio Cássio, da mais elevada origem, é que concorrem ao consulado — quem poderia imaginar isso? Como você está vendo, figuras das mais ilustres famílias, por falta de fibra, não estão à sua altura.

8. Mas talvez Antônio e Catilina sejam o problema. Que nada! Um homem ativo, laborioso, irrepreensível, eloquente, querido pelos magistrados, deve mesmo desejar tais concorrentes, ambos desde a juventude assassinos, ambos libertinos, ambos depauperados. Dos dois, um teve as propriedades confiscadas e até os ouvimos declarar em juramento que não tinha condições de competir nos tribunais romanos de igual para igual, usando expedientes honestos, contra um homem

---

[7] A partir daqui, Quinto Cícero passa a analisar os adversários de seu irmão na disputa. Dois são descartados de cara, Públio Galba e Lúcio Cássio, enquanto dois recebem comentários mais prolongados, Antônio e Catilina.

iurantis se Romae iudicio aequo cum homine Graeco certare non posse, ex senatu eiectum scimus optima verorum censorum existimatione, in praetura competitorem habuimus amico Sabidio et Panthera, quom ad tabulam quos poneret non haberet; quo tamen in magistratu amicam quam domi palam haberet de machinis emit. in petitione autem consulatus Cappadoces omnis compilare per turpissimam legationem maluit quam adesse et populo Romano supplicare.

9. Alter vero, di boni! quo splendore est? primum nobilitate eadem qua Catilina. num maiore? non. sed virtute. quam ob rem? quod Antonius umbram suam metuit, hic ne leges quidem natus in patris egestate, educatus in sororis stupris, corroboratus in caede civium, cuius primus ad rem publicam aditus in equitibus R. occidendis fuit (nam illis quos meminimus Gallis, qui tum Titiniorum ac Nanniorum ac Tanusiorum capita demebant, Sulla unum Catilinam praefecerat); in quibus ille hominem optimum, Q. Caecilium, sororis suae virum, equitem Romanum, nullarum partium,

da Grécia[8]; temos conhecimento de que foi expulso do Senado por decisão de excelentes censores[9] e aliás já o tivemos como adversário na disputa pela pretura[10], ocasião em que ele contou com o apoio dos amigos Sabídio e Pantera, pois já não tinha mais escravos para pôr à venda; no entanto, tendo conseguido se eleger, comprou no mercado uma amante para manter abertamente em sua casa. Agora, na eleição para o consulado, ele preferiu pilhar todas as hospedarias por onde passou com uma comitiva da mais baixa vileza, em vez de permanecer por aqui e pedir votos ao povo de Roma.

9. Quanto ao outro — bons deuses! — que glória tem?

Primeiro, sua origem aristocrática é a mesma de Antônio. Não é mais elevada? Não! Mas há a coragem! Como assim? É que Antônio tem medo da própria sombra, e Catilina, nem mesmo das leis.

Nascido em meio à miséria do pai, educado em meio às orgias da irmã, crescido em meio à matança de cidadãos, seu ingresso na vida pública se deu pelo assassinato de cavaleiros romanos — de fato, para comandar aqueles gauleses dos quais nos lembramos bem, que na ocasião decapitaram Titínio, Naneio e Tanúsio[11], Sula encarregou Catilina e mais ninguém. Entre outros, ele matou com suas próprias mãos um homem excelente, Quinto Cecílio, marido de sua própria irmã, um cavaleiro romano, de posição política neutra,

---

[8] Cícero desdenha o fato de Antônio, acusado de saques em sua passagem pela Grécia, a serviço de Sula, ter escapado da condenação usando subterfúgios irregulares.

[9] Alto cargo público que tinha, entre outras atribuições, a fiscalização dos demais políticos e magistrados.

[10] Outra função pública, inferior apenas à de cônsul. Na época de Cícero, havia apenas oito pretores, cujas atividades eram variadas, tais como governar províncias, comandar exércitos ou deliberar judicialmente.

[11] Vítimas das proscrições de Sula, general romano que tomou o poder à força em 81 a.C. e decretou essas perseguições. Catilina foi um de seus principais colaboradores.

cum semper natura tum etiam aetate iam quietum, suis manibus occidit.

III

10. Quid ego nunc dicam peteme eum consulatum, qui hominem carissimum populo Romano, M. Marium, inspectante populo Romano vitibus per totam umbem ceciderit, ad bustum egerit, ibi omni cmuciatu lacerarit, vivo stanti collum gladio sua dextera secuemit, cum sinistra capillum eius a vertice teneret, caput sua manu tulerit, cum inter digitos eius rivi sanguinis fluerent? qui postea cum histrionibus et cum gladiatoribus ita vixit ut alteros libidinis, alteros facinoris adiutores haberet, qui nullum in locum tam sanctum ac tam religiosum accessit in quo non, etiam si aliis culpa non esset, tamen ex sua nequitia dedecoris suspicionem relinqueret, qui ex curia Curios et Annios, ab atmiis Sapalas et Carvilios, ex equestri ordine Pompilios et Vettios sibi amicissimos comparavit, qui tantum habet audaciae, tantum nequitiae, tantum denique in libidine artis et efficacitatis, ut prope in parentum gremiis praetextatos liberos constuprarit?

que sempre foi pacífico por natureza, e, àquela altura, também pela idade.

III

10. Que mais eu preciso dizer? Esse que concorre com você ao consulado é quem surrou com chibatadas um homem profundamente querido pela população de Roma, Marco Mário, atravessando a cidade inteira diante dos olhos do povo romano, até atirá-lo sobre um túmulo, onde o dilacerou com todo o tipo de tortura, e então, como ele permanecesse vivo, com a espada em sua mão direita rasgou-lhe o pescoço, enquanto com a esquerda segurava-lhe os cabelos a prumo, e com sua própria mão carregou a cabeça, enquanto golfadas de sangue escorriam por entre seus dedos; é quem depois disso, viveu cercado de atores e gladiadores, para ter os primeiros como cúmplices de sua luxúria, e os segundos, de seus crimes; é quem, onde quer que entrasse, por mais santo e religioso que fosse o local, lançava sobre ele a suspeita de ter sido profanado e corrompido por sua sordidez, mesmo se os outros presentes fossem pessoas honestas; é quem tomou como melhores amigos, no Senado, os Cúrios e Ânios, no comércio, os Sapalas e Carvílios, na ordem equestre, os Pompílios e Vétios; é quem possui tão grande petulância, tão grande sordidez, tão grande conhecimento e prática da devassidão, em suma, que chegou a estuprar jovens adolescentes[12] praticamente na cara de seus pais!

---

[12] No original, jovens pretextados, isto é, que utilizavam a toga pretexta, vestimenta adornada com uma faixa púrpura e que era usada exclusivamente por altos magistrados ou jovens de até dezesseis anos pertencentes a famílias nobres.

quid ego nunc tibi de Africa, quid de testium dictis scribam? nota sunt, et ea tu saepius legito; sed tamen hoc mihi non praetermittendum videtur quod primum ex eo iudicio tam egens discessit quam quidam iudices eius ante illud in eum iudicium fuemunt, deinde tam invidiosus ut aliud in eum iudicium cotidie flagitetur. hic se sic habet ut magis timeant etiam si quierit, quam ut contemnant si quid commoverit.

11. Quanto melior tibi fortuna petitionis data est quam nuper homini novo, C. Coelio! ille cum duobus hominibus ita nobilissimis petebat ut tamen in iis omnia pluris essent quam ipsa nobilitas, summa ingenia, summus pudor, plurima beneficia, summa ratio ac diligentia petendi. ac tamen eorum alterum Coelius, cum multo inferior esset genere, superior nulla me paene, superavit.

12. Qua me tibi, si facies ea quae natura et studia quibus semper usus es, largiuntur, quae temporis tui ratio desiderat, quae potes, quae debes, non erit difficile certamen cum iis competitoribus, qui nequaquam sunt tam genere insignes quam vitiis nobiles. quis enim reperiri potest tam improbus

Será que preciso lhe escrever sobre a África, sobre os depoimentos das testemunhas? Eles são bem conhecidos, leia-os você mesmo, muitas e muitas vezes.[13]

O próximo ponto, porém, eu não posso deixar de fora: o fato de que ele, em primeiro lugar, saiu daquele julgamento tão empobrecido quanto eram os jurados antes do julgamento e, ademais, tão odiado que diariamente se clamava por um novo julgamento contra ele.

Ele se encontra numa tal situação que é mais temido, mesmo quieto, do que desprezado, se causa problemas.

11. Como você tem muito mais sorte, com relação às eleições, do que Caio Célio, um outro "homem novo", algum tempo atrás![14]

Ele foi candidato contra dois homens que tinham a mais elevada ascendência e ainda todas as demais qualidades acima dessa origem nobre — um enorme talento, uma enorme decência, inúmeros feitos altruístas, um enorme planejamento e ardor na campanha eleitoral; e mesmo assim Célio, embora muito inferior quanto à origem e superior em quase nada, derrotou um deles.

12. Por isso, se fizer o que a natureza e os estudos, que você sempre cultivou, lhe concedem, o que a lógica do momento atual requer, o que você pode e deve fazer, não terá uma disputa nada difícil com tais concorrentes que não são de jeito nenhum tão ilustres pela origem quanto famosos pelos vícios.

---

[13] Catilina havia sido governador da África e, no retorno, foi processado por corrupção e má administração, sendo inocentado graças à compra dos jurados.

[14] A política em Roma era a tal ponto oligárquica que o último "homem novo" anterior a Cícero a se eleger cônsul foi este Caio Célio, perfazendo um intervalo de trinta anos!

civis qui velit uno suffragio duas in rem publicam sicas destringere?

IV

13. Quoniam quae subsidia novitatis haberes et habere posses exposui, nunc de magnitudine petitionis dicendum videtur. consulatum petis, quo honore nemo est quin te dignum arbitretur, sed multi qui invideant; petis enim homo ex equestri loco summum locum civitatis atque ita summum ut forti homini, diserto, innocenti multo idem ille honos plus amplitudinis quam ceteris adferat. noli putare eos qui sunt eo honore usi non videre, tu cum idem sis adeptus, quid dignitatis habiturus sis. Eos vero qui consularibus familiis nati locum maiorum consecuti non sunt suspicor tibi, nisi si qui admodum te amant, invidere. etiam novos homines praetorios existimo, nisi qui tuo beneficio vincti sunt, nolle abs te se honore superari.

14. Iam in populo quam multi invidi sint, quam consuetudine horum annorum ab hominibus novis alienati, venire tibi in mentem certo scio; esse etiam non nullos tibi iratos ex

Afinal, será que podemos encontrar um cidadão tão corrupto que queira com um único voto desembainhar dois punhais contra a República?

IV

13. Uma vez que já expus as vantagens que você pode ter em compensação à sua condição de "homem novo", parece-me que agora devo falar sobre a importância desta eleição.

Você é candidato ao consulado, honra da qual não haverá um só homem que não o julgue digno, mas muitos que vão invejá-lo; de fato, você, um homem saído da ordem equestre, é candidato ao mais importante cargo político, tão importante que confere a um homem, já por si mesmo corajoso, eloquente e irrepreensível, muito mais distinção do que a todos os demais.

Não pense que os que já experimentaram essa honra não estão de olho em quanto prestígio você vai granjear, quando alcançá-lo também. Suspeito que são exatamente os nascidos em famílias de ex-cônsules, mas que não conseguiram o cargo de seus antepassados, os que o invejam, com a única exceção daqueles que o adoram intensamente.

Imagino que também os "homens novos" que foram até a pretura, se não estão vinculados a você graças a algum favor, não querem que você chegue a um cargo superior ao deles.

14. Já quanto ao povo, estou certo de que você tem consciência do grande número de invejosos, do grande número de pessoas que, por se apegar ao costume destes últimos anos, antipatiza com os "homens novos".

Também é inevitável que haja não poucos que lhe guardem rancor por causa dos processos judiciais em que você atuou.

iis causis quas egisti necesse est. iam illud tute circumspicito, quod ad Cn. Pompei gloriam augendam tanto studio te dedisti, num quos tibi putes ob eam causam esse amicos.

15. Quam ob rem cum et summum locum civitatis petas et videas esse studia quae adversentur, adhibeas necesse est omnem rationem et curam et laborem et diligentiam.

V

16. Et petitio magistratus divisa est in duarum rationum diligentiam, quarum altera in amicorum studiis, altera in populari voluntate ponenda est. amicorum studia beneficiis et officiis et vetustate et facilitate ac iucunditate naturae parta esse oportet. sed hoc nomen amicorum in petitione latius patet quam in cetera vita. quisquis est enim qui ostendat aliquid in te voluntatis, qui colat, qui domum ventitet, is in amicorum numero est habendus. sed tamen qui sunt amici ex causa iustiore cognationis aut adfinitatis aut sodalitatis alicuius necessitudinis, iis carum et iucundum esse maxime prodest.

17. Deinde ut quisque est intimus ac maxime domesticus, ut is amet et quam amplissimum esse te cupiat valde elaborandum est, tum ut tribules, ut vicini, ut clientes, ut denique

Já quanto ao seguinte é preciso que você reflita muito bem: será que, por ter se dedicado com tanto empenho a engrandecer a glória de Cneu Pompeu, você pode julgar que ganhou amigos a partir disso?

15. Portanto, ao se candidatar ao mais alto cargo político e se dar conta dos interesses e sentimentos que lhe são fortemente contrários, é necessário dispor de todo raciocínio, cuidado, esforço e aplicação.

V

16. Aliás, uma campanha eleitoral se divide na dedicação a obter dois fatores: o apoio dos amigos e o apreço do povo.

O apoio dos amigos deve ser gerado através de favores, o cumprimento das obrigações, o passar do tempo, a amabilidade e a simpatia natural.

Mas esta designação de amigo, numa eleição, é mais ampla do que no resto da vida; na verdade, qualquer um que demonstrar apreço por você, que cortejá-lo, que visitá-lo regularmente, deve ser considerado um amigo.

Contudo, os que são amigos por um motivo mais genuíno, como laços de sangue ou casamento, de confraria ou semelhantes, esses é de enorme valia tratar com carinho e atenção, de modo a se fazer querido.

17. Em seguida, você deve trabalhar infatigavelmente para que cada pessoa que lhe é mais íntima (e sobretudo quem é de sua casa) o adore e deseje ardentemente que você tenha o maior sucesso possível, aja do mesmo modo em relação aos membros de sua tribo[15], aos vizinhos, aos clientes, e até

---

[15] A tribo é uma divisão do povo romano. Acredita-se que sua origem estaria numa provável divisão ancestral da população de Roma em três grandes grupos, daí a palavra "tribo" (*tribus*), conectada a "três". Na época de Cícero já havia 35 tribos, sendo 4 urbanas (em

liberti, postremo etiam servi tui; nam fere omnis sermo ad forensem famam a domesticis emanat auctoribus.

18. Denique sunt instituendi cuiusque generis amici, ad speciem homines inlustres honoreac nomine, qui etiam si suifragandi studia non navant, tamen adferunt petitori aliquid dignitatis; ad ius obtinendum magistratus, ex quibus maxime consules, deinde tribuni pl., ad conficiendas centurias homines excellenti gratia. qui abs te tribum aut centuriam aut aliquod beneficium aut habent aut sperant, eos rursus magno opere et compara et confirma. nam per hos annos homines ambitiosi vehementer omni studio atque opera elaborant, ut possint a tribulibus suis ea quae petierint impetrare. hos tu homines, quibuscumque poteris rationibus, ut ex animo atque ex tilla summat voluntate tui studiosi sint elaborato.

19. Quod si satis grati homines essent, haec tibi omnia parata esse debebant, sic uti parata esse confido. nam hoc

aos libertos, sem esquecer, por último, os seus escravos, pois quase todo o comentário que modela a reputação de um homem público provém de fontes caseiras.

18. Depois, você deve constituir amizades de todos os tipos: para ter uma boa imagem, homens com carreira e nome ilustres (os quais, mesmo se não têm interesse de declarar seu voto, ainda assim, conferem prestígio ao candidato); para garantir a proteção da lei, magistrados (dentre eles, principalmente os cônsules e, em segundo lugar, os tribunos da plebe[16]); para arrebanhar as centúrias[17], homens de excepcional influência.

Os que mantêm ou acreditam manter longe de seu alcance uma tribo, uma centúria ou algo que pode beneficiá-lo, conquiste-os e conserve-os custe o que custar, pois ao longo destes anos homens ambiciosos e de muita lábia trabalharam intensamente, empregando todo o empenho e esforço para conseguir obter de seus companheiros de tribo tudo o que pedissem.

De sua parte, você deve lutar, com todas as armas a seu dispor, para que passem a admirá-lo do fundo do coração e apoiá-lo com a máxima energia.

19. Mas se as pessoas mostrassem mais gratidão, tudo isso já deveria estar arrumado para você, como aliás eu confio que esteja.

Roma) e 31 rústicas (italianas). As tribos tinham várias funções, entre as quais a de servir de agrupamento eleitoral. Todo cidadão obrigatoriamente pertencia a uma tribo, à qual estava fortemente vinculado.

[16] Os tribunos da plebe surgiram como líderes populares, autoridades de oposição aos magistrados de origem patrícia (aristocrática). A fim de garantir os interesses do povo, tinham o direito de vetar as propostas dos cônsules.

[17] As centúrias (literalmente, conjuntos de cem homens) eram outra forma de agrupamento de eleitores. Cabe comentar que, pelo sistema eleitoral romano, cada centúria constituía um bloco solidário, isto é, quem recebesse o maior número de votos dentro de cada uma delas carreava para si todos os votos do grupo.

biennio quattuor sodalitates hominum ad ambitionem gratiosissimorum tibi obligasti, C. Fundani, Q. Galli, C. Corneli, C. Orcivi. Horum in causis ad te deferendis quid tibi eorum sodales receperint et confirmarint scio, nam intemfui. qua me hoc tibi faciendum est hoc tempore ut ab his quod debent exigas saepe commonendo, rogando, confirmando, curando ut intellegant nullum se umquam aliud tempus habituros referendae gratiae. profecto homines et spe reliquorum tuorum officiorum et iam recentibus beneficiis ad studium navandum excitabuntur.

20. Et omnino quoniam eo genere amicitiarum petitio tua maxime munita est, quod ex causarum defensionibus adeptus es, fac ut plane iis omnibus quos devinctos tenes discriptum ac dispositum suum cuique munus sit; et quem ad modum nemini illorum molestus ulla in me umquam fuisti, sic cura ut intellegant omnia te quae ab illis tibi deberi putaris ad hoc tempus reservasse.

VI

21. Sed quoniam tribus rebus homines maxime ad benevolentiam atque haec suifragandi studia ducuntur, beneficio, spe, adiunctione animi ac voluntate, animadvertendum est quem ad modum cuique horum generi sit inserviendum. mi-

Com efeito, nos dois últimos anos você se assenhorou de quatro confrarias a que pertenciam homens extremamente populares e influentes nas eleições, Caio Fundano, Quinto Gálio, Caio Cornélio e Caio Orquívio; de fato, quando seus companheiros entregaram a você a defesa desses homens na justiça, eu bem sei (pois estava presente) que compromissos eles assumiram e garantias deram.

Sendo assim, o que você deve fazer é aproveitar a oportunidade para cobrar dos que lhe devem, continuamente relembrando, pedindo, estreitando laços, cuidando para que entendam que não vão ter jamais outra ocasião para mostrar sua gratidão. Com toda a certeza esses homens serão estimulados — tanto pela esperança de seus futuros serviços quanto pela lembrança dos favores recentes — a empenhar-se por você de corpo e alma.

20. No fim das contas, como sua candidatura vem munida principalmente deste tipo de amizade que você conquistou por defender causas nos tribunais, faça com que todos aqueles que você mantém sob esse vínculo sejam encarregados de uma tarefa particular claramente descrita e definida; e uma vez que você nunca foi incomodar nenhum deles para nada, faça-os compreender bem que tudo aquilo que pelas suas contas eles lhe devem você reservou para este momento.

VI

21. Por outro lado, como são três as coisas que levam os homens a se sentir cativados e dispostos a dar o apoio eleitoral — um favor, uma esperança ou a simpatia espontânea —, convém examinar como cada um desses tipos deve ser cuidado.

nimis beneficiis homines adducuntur ut satis causae putent esse ad studium suifragationis, nedum ii quibus saluti fuisti, quos tu habes plurimos, non intellegant, si hoc tuo tempore tibi non satis fecerint, se probatos nemini umquam fore. quod cum ita sit, tamen rogandi sunt atque etiam in hanc opinionem adducendi ut qui adhuc nobis obligati fuerint iis vicissim nos obligari posse videamur.

22. Qui autem spe tenentur, quod genus hominum multo etiam est diligentius atque officiosius, iis fac ut propositum ac paratum auxilium tuum esse videatur, denique ut spectatorem te officiorum esse intellegant diligentem, ut videre te plane atque animadvertere quantum a quoque proficiscatur appareat.

23. Tertium illud genus est studiorum voluntarium, quod agendis gratiis, accommodandis sermonibus ad eas rationes, propter quas quisque studiosus tui esse videbitur, significanda erga illos pari voluntate, adducenda amicitia in spem familiaritatis et consuetudinis confirmari oportebit. atque in his omnibus generibus iudicato et perpendito quantum quisque possit, ut scias et quem ad modum cuique inservias et quid a quoque exspectes ac postules.

24. Sunt enim quidam homines in suis vicinitatibus et municipiis gratiosi, sunt diligentes et copiosi, qui etiam si antea non studuerunt huic gratiae, tamen ex tempore elaborare eius causa cui debent aut volunt facile possunt. his

Graças aos mais insignificantes favores as pessoas são levadas a julgar que há motivo suficiente para declarar seu apoio — que dizer então daqueles para quem você representou a salvação! Estes (e você tem uma infinidade nesta situação) não vão deixar de compreender que, se não fizerem o suficiente por você agora, nunca mais serão respeitados por ninguém.

Mesmo assim, eles ainda devem ser instados e levados a crer que, se até agora se viram na condição de devedores de um favor, podem por sua vez passar a nossos credores.

22. Quanto aos que são atraídos pela esperança, que aliás é um tipo de gente muito mais zelosa e devotada, aja de modo a parecer pronto e disposto a prestar ajuda, e também de modo a perceberem que você é um observador cuidadoso das tarefas executadas por eles, deixando bem claro que você vê e acompanha com a maior atenção quanto cada um deles tem feito e providenciado.

23. O terceiro tipo é o apoio espontâneo, que será preciso consolidar expressando agradecimentos, adaptando o discurso aos argumentos que parecerem seduzir cada adepto isoladamente, dando mostras de retribuir-lhes a mesma simpatia, sugerindo que a amizade pode transformar-se em íntima e habitual.

Ademais, em todos esses três tipos você deve julgar e avaliar com precisão quais as condições e a capacidade de cada indivíduo, a fim de saber não só como satisfazer cada pessoa, mas também o que esperar e exigir de cada um.

24. Há, de fato, alguns homens que são influentes em seus bairros e municípios, pessoas ativas e de recursos que, mesmo se antes não exerceram essa influência, têm condições de facilmente, numa dada situação, trabalhar com energia a favor de alguém, seja por estar em dívida ou por nutrir alguma simpatia; cabe a você servir e satisfazer esse tipo de pessoas

hominum generibus sic inserviendum est ut ipsi intellegant te videre quid a quoque exspectes, sentire quid accipias, meminisse quid acceperis. sunt autem alii, qui aut nihil possunt aut etiam odio sunt tribulibus suis nec habent tantum animi ac facultatis ut enitantur ex tempore. hos ut intemnoscas elaborato, ne spe in aliquo maiore posita praesidi parum comparetur.

VII

25. Et quamquam partis ac fundatis amicitiis fretum ac munitum esse oportet, tamen in ipsa petitione amicitiae permultae ac perutiles comparantur; nam in ceteris molestiis habet hoc tamen petitio commodi: potes honeste, quod in cetera vita non queas, quoscumque velis adiungere ad amicitiam, quibuscum si alio tempore agas, absurde facere videare, in petitione autem nisi id agas et cum multis et diligenter, nullus petitor esse videare.

26. Ego autem tibi hoc confirmo, esse neminem, nisi aliqua necessitudine competitorum alicui tuorum sit adiunctus, a quo non facile si contenderis impetrare possis ut suo beneficio promereatur se ut ames et sibi ut debeas, modo ut intellegat te magni aestimare ex animo agere, bene se ponere, fore ex eo non brevem et suifragatoriam sed firmam et perpetuam amicitiam.

de maneira que compreendam que você está de olho no que espera de cada um, tem consciência do que recebe e guarda na lembrança o que já recebeu.

Há outros, porém, que ou não têm condições de nada ou até atraem o ódio de seus companheiros de tribo, e não possuem uma grande alma ou talento de que possam lançar mão num momento como este; quanto a esses, fique de olho bem aberto para identificá-los, a fim de não depositar esperança demais em alguém de pouca valia.

VII

25. E embora seja fundamental estar cercado e munido de amizades sólidas e cultivadas pelo tempo, todavia, no próprio desenrolar da campanha eleitoral inúmeras e utilíssimas amizades são adquiridas, porque, apesar de seus muitos inconvenientes, ser candidato tem isto de bom: você pode de uma maneira honesta — o que é impossível no resto da vida — atrair à amizade todos aqueles que quiser. Essas pessoas, se em outra ocasião você solicitar que se tornem seus amigos, vão achar essa atitude absurda, mas numa campanha eleitoral, se você não solicitar isso, e a muitos e incansavelmente, não vão achar que você é um candidato de verdade.

26. Eu, porém, garanto-lhe o seguinte: não há ninguém — com exceção daqueles ligados a algum dos seus adversários por um determinado laço ou compromisso —, ninguém de quem você, se tentar, não possa facilmente obter algo em seu benefício, para que em troca você o ame e fique lhe devendo um favor, bastando para isso que ele suponha que você o tem em alta conta, que está sendo sincero, que é um bom investimento para ele, que disso nascerá não uma amizade breve e eleitoreira, mas firme e permanente.

27. Nemo erit, mihi crede, in quo modo aliquid sit, qui hoc tempus sibi oblatum amicitiae tecum constituendae praetermittat, praesertim cum tibi hoc casus adferat ut ii tecum petant quorum amicitia aut contemnenda aut fugienda sit, et qui hoc quod ego te hortor non modo adsequi sed ne incipere quidem possint.

28. Nam qui incipiat Antonius homines adiungere atque invitare ad amicitiam quos per se suo nomine appellare non possit? mihi quidem nihil stultius videtur quam existimare esse eum studiosum tui quem non noris. eximiam quandam gloriam et dignitatem ac rerum gestarum magnitudinem esse oportet in eo quem homines ignoti nullis suifragantibus honore adficiant; ut quidem homo nequam, iners, sine officio, sine ingenio, cum infamia, nullis amicis hominem plurimorum studio atque omnium bona existimatione munitum praecurrat, sine magna culpa neglegentiae fleri non potest.

VIII

29. Quam ob rem omnis centurias multis et variis amicitiis cura ut confirmatas habeas. et primum, id quod ante oculos est, senatores equitesque Romanos, ceterorum ordinum navos homines et gratiosos complectere. multi homines urbani

27. Não existe ninguém, creia-me, com um mínimo de inteligência que desperdice esta oportunidade que lhe é oferecida de constituir uma amizade com você, ainda mais quando o acaso lhe concedeu a vantagem de concorrer com pessoas cuja oferta de amizade ou é desprezada ou repudiada. Ademais, esses procedimentos que eu lhe recomendo, eles não apenas não podem seguir, mas nem mesmo tentar.

28. Com efeito, como é possível que Antônio tente atrair e convidar, para se tornarem seus amigos, homens que ele não é capaz de chamar pelo nome sem ajuda?

Quanto a mim, na verdade, nada me parece mais estúpido do que imaginar que é seu adepto fervoroso aquele que você nem conhece.

É necessário possuir uma certa glória e prestígio superiores, uma incomparável grandeza de realizações para que as pessoas, sem que lhes seja pedido concedam a honra de um cargo a alguém que não conheçam pessoalmente; e, com certeza, que um sujeito medíocre, indolente, irresponsável, inábil, infame e sem amigos ultrapasse um homem munido do apoio de muitos e da estima de todos, isso não pode ocorrer sem que a grande culpada seja a desatenção.

VIII

29. Por isso, cuide de manter as centúrias firmes a seu lado através de muitas e variadas amizades.

Em primeiro lugar, é evidente, envolva os senadores e cavaleiros romanos, e de todas as demais ordens sociais[18], os homens ativos e influentes.

---

[18] A sociedade civil romana, estratificada, englobava algumas "ordens" (*ordines*, plural de ordo), grupos institucionalmente organizados de influência política e social, como a dos cavaleiros ou a dos decuriões.

industrii, multi libertini in foro gratiosi navique versantur. quos per te, quos per communis amicos poteris, summa cura ut cupidi tui sint elaborato, appetito, adlegato, summo beneficio te adfici ostendito.

30. Deinde habeto rationem urbis totius, collegiorum omnium, pagorum, vicinitatum. ex his principes ad amicitiam tuam si adiunxeris, per eos reliquam multitudinem facile tenebis. postea totam Italiam fac ut in animo ac memoria tributim discriptam comprensamque habeas, ne quod municipium, coloniam, praefecturam, locum denique Italiae ne quem esse patiare in quo non habeas firmamenti quod satis esse possit.

31. Perquiras et investiges homines ex omni regione, eos cognoscas, appetas, confirmes, cures ut in suis vicinitatibus tibi petant et tua causa quasi candidati sint. volent te amicum, si suam a te amicitiam expeti videbunt. id ut intellegant oratione ea quae ad eam rationem pertinet habenda consequere. homines municipales ac rusticani, si nobis nomine noti sunt, in amicitia esse se arbitrantur; si vero etiam praesidi se aliquid sibi constituere putant, non amittunt occasionem promerendi. hos ceteri et maxime tui competitores

Muitos homens urbanos, laboriosos, muitos escravos libertos, influentes e ativos, circulam pelo centro da cidade; seja diretamente, seja através de amigos comuns, tome todas as providências para que passem a admirá-lo, batalhe, vá atrás, mande emissários, deixe claro o grande favor que vão lhe fazer.

30. Em segundo lugar, volte sua atenção para a cidade inteira, todas as associações[19], todos os distritos e bairros. Se você atrair à sua amizade seus líderes, facilmente vai ter nas mãos, graças a eles, a multidão restante.

Depois disso, trate de ter na mente e na memória a Itália inteira dividida e arrumada em tribos e não permita existir nenhum município, colônia, prefeitura[20], nenhum lugar, enfim, da Itália, onde você não tenha o apoio suficiente.

31. Rastreie, vá ao encalço de homens de toda e qualquer região, passe a conhecê-los, cultive e fortaleça a amizade, cuide para que em suas respectivas localidades eles cabalem votos para você e defendam sua causa como se fossem eles os candidatos.

Eles vão lhe querer como amigo se virem que você anseia por essa amizade; para conseguir que entendam isso, use de uma linguagem apropriada a esse fim. Homens de cidades pequenas e da zona rural, se os conhecemos pelo nome, acham que privam de nossa amizade; se ainda por cima pensam que estão garantindo alguma proteção para si mesmos, não perdem a ocasião de servir.

Quanto a eles, não há mais ninguém, especialmente entre os seus adversários, que os conheça, enquanto você, sim, os

---

[19] Entende-se por associação, aqui, as confrarias profissionais, religiosas e outras.

[20] São estatutos jurídicos diferentes para cidades do interior: assim, os municípios são maiores e mais importantes, seguidos pelas colônias e, finalmente, pelas pequenas cidades e vilas (as prefeituras).

ne norunt quidem, tu et nosti et facile cognosces, sine quo amicitia esse non potest.

32. Neque id tamen satis est, tametsi magnum est, sed sequitur spes utilitatis atque amicitiae, ne nomenclator solum sed amicus etiam bonus esse videare. ita cum et hos ipsos, propter suam ambitionem qui apud tribulis suos plurimum gratia possunt, studiosos in centuriis habebis et ceteros qui apud aliquam partem tribulium propter municipi aut vicinitatis aut conlegi rationem valent cupidos tui constitueris, in optima spe esse debebis.

33. Iam equitum centuriae multo facilius mihi diligentia posse teneri videntur. primum cognosce equites (pauci enim sunt), deinde appete (multo enim facilius illa adulescentulorum ad amicitiam aetas adiungitur); deinde habes tecum ex iuventute optimum quemque et studiosissimum humanitatis; tum autem, quod equester ordo tuus est, sequentur illi auctoritatem ordinis, si abs te adhibebitur ea diligentia ut non ordinis solum voluntate sed etiam singulorum amicitiis

conhece e com facilidade vai conhecê-los cada vez mais, condição sem a qual não pode haver amizade.

32. Mas só isso não é suficiente, embora ajude muito, se não vier acompanhado da esperança de uma relação lucrativa e amistosa, para que você não pareça ser apenas um nomeador[21], mas sim um bom amigo.

Assim, quando, por um lado, você tiver, lutando por você nas centúrias, essas mesmas pessoas que, movidas pela ambição pessoal, têm grande poder e influência entre os companheiros de tribo, e, por outro lado, tornar entusiastas de você as outras pessoas, que têm peso junto a uma parte dos membros da tribo por meio de um município, bairro ou associação, aí então você deverá ter a maior esperança.

33. Já as centúrias de cavaleiros, a meu ver, podem ser conquistadas pelo seu empenho com muito mais facilidade: primeiro, é preciso conhecer os cavaleiros (eles, na verdade, são poucos); em seguida, seduzi-los (os jovens, na verdade, são muito mais facilmente atraídos à amizade).[22] Ademais, você tem a seu lado, dentre a juventude, cada um dos mais eminentes, distintos e cultos elementos. E então, como a ordem equestre é a sua[23], eles vão seguir a recomendação da ordem, desde que você aplique toda a sua atenção para ter essas centúrias asseguradas não só através da predisposição geral da ordem, mas também da amizade de cada indivíduo.

---

[21] O nomeador era um escravo dos ricos, encarregado de falar ao patrão o nome dos convidados ou de pessoas com que fosse tratar. Também servia a políticos, como era o caso do próprio Cícero.

[22] A ordem equestre era composta por pessoas mais jovens, por oposição à aristocracia senatorial.

[23] Há duas leituras possíveis para essa frase: "a ordem equestre é a sua", isto é, você faz parte dela; ou "a ordem equestre é sua", isto é, você já a conquistou eleitoralmente. Na verdade, essas duas ideias não se anulam e estão presentes na frase.

eas centurias confirmatas habeas. iam studia adulescentulorum in suifragando, in obeundo, in nuntiando, in adsectando mirifice et magna et honesta sunt.

IX

34. Et, quoniam adsectationis mentio facta est, id quoque curandum est ut cotidiana cuiusque generis et ordinis et aetatis utare. nam ex ea ipsa copia coniectura fieri poterit quantum sis in ipso campo virium ac facultatis habiturus. huius autem rei tres partes sunt, una salutatorum cum domum veniunt, altera deductorum, tertia adsectatorum.

35. In salutatoribus, qui magis vulgares sunt et hac consuetudine quae nunc est plures veniunt, hoc efficiendum est ut hoc ipsum minimum officium eorum tibi gratissimum esse videatur. qui domum tuam venient, significato te animadvertere; eorum amicis qui illis renuntient ostendito, saepe ipsis dicito. sic homines saepe, cum obeunt pluris competitores et vident unum esse aliquem qui haec officia maxime animadvertat, ei se dedunt, deserunt ceteros, minutatim ex communibus proprii, ex fucosis firmi suifragatores evadunt. iam illud teneto diligenter, si eum qui tibi promiserit audieris

Com efeito, o empenho dos mais jovens em cabalar votos, em visitar eleitores, em trazer notícias, em acompanhá-lo nas passeatas, é algo de admiravelmente importante e prestigioso.

IX

34. Já que mencionei as passeatas, você também deve tomar o cuidado de fazer uma por dia, com pessoas de todos os tipos, ordens e idades, pois pela própria multidão reunida você poderá calcular quanto terá de força e recursos nos comícios.

Quanto a isso, cabe distinguir três grupos: um é o daqueles que, indo à sua casa[24], se limitam a cumprimentá-lo; outro é o daqueles que saem em cortejo com você; o terceiro é o dos que o acompanham por toda a parte.

35. Dentre os que costumam ir cumprimentá-lo, há os de classes mais baixas e que, devido ao costume atual, visitam mais de um candidato; mesmo assim, você deve fazer com que esse mínimo favor pareça extremamente gratificante a seus olhos. Quanto aos que passarem a visitar mais a sua casa, mostre-lhes que você o percebeu — revele isso aos amigos deles, que depois vão contar-lhes, e sempre que possível diga-o pessoalmente. Desse modo, com frequência as pessoas, visitando vários concorrentes e vendo que um deles dá maior atenção a esses favores, acabam se rendendo a ele, abandonam os demais e aos poucos deixam de ser de muitos e vacilantes para se tornarem cabos eleitorais exclusivos e convictos.

Agora, você deve tomar o maior cuidado com o seguinte: se alguém lhe prometeu fidelidade e você ouvir falar ou

---

[24] Tradicionalmente, os clientes de um político passavam todos os dias de manhã pela casa de seu patrono, para uma espécie de beija-mão.

fucum, ut dicitur, facere aut ut senseris, ut te id audisse aut scire dissimules, si qui tibi se purgare volet quod suspectum esse se arbitretur, adfirmes te de illius voluntate numquam dubitasse nec debere dubitare. is enim qui se non putat satis facere amicus esse nullo modo potest. scire autem oportet quo quisque animo sit, ut quantum cuique confidas constituere possis.

36. Iam deductorum officium quo maius est quam salutatorum, hoc gratius tibi esse significato atque ostendito et, quod eius fieri poterit, certis temporibus descendito. magnam adfert opinionem, magnam dignitatem cotidiana in deducendo frequentia.

37. Tertia est ex hoc genere adsidua adsectatorum copia. in ea quos voluntarios habebis, curato ut intellegant te sibi in perpetuum summo beneficio obligari; qui autem tibi debent, ab iis plane hoc munus exigito, qui per aetatem ac negotium poterunt, ipsi tecum ut adsidui sint, qui ipsi sectari non poterunt, suos necessarios in hoc munere constituant. valde ego te volo et ad rem pertinere arbitror semper cum multitudine esse.

38. Praeterea magnam adferet laudem et summam dignitatem, si ii tecum erunt qui a te defensi et qui per te servati

descobrir que ele, como se diz, tem duas caras[25], finja que não ouviu ou percebeu isso; se alguém, julgando que você suspeita dele, quiser atestar sua inocência, garanta com firmeza que você nunca desconfiou de seu apoio nem tem por que desconfiar. De fato, todo aquele que acha que não está agradando, acaba não mantendo de jeito nenhum a amizade.

Por outro lado, é fundamental saber que intenção cada pessoa tem em mente, para poder decidir até que ponto confiar em cada um.

36. Passando agora aos que o acompanham nos cortejos, uma vez que a atitude deles é mais importante que a dos que apenas vão cumprimentá-lo, você deve demonstrar e deixar bem claro que isso lhe é mais gratificante. Além disso, tanto quanto possível, vá à praça central em horários definidos: é grande a reputação, é grande o prestígio conferido por um cortejo numeroso que se encaminha diariamente ao centro.

37. O terceiro grupo é formado pela multidão de seguidores permanentemente a seu lado.

Nela, os que forem movidos pela simpatia espontânea, trate de convencê-los de que você lhes é eternamente grato em função desse supremo favor; já que os que lhe devem algo, exija claramente, de todos os que têm idade ou tempo disponível, a obrigação de acompanhá-lo pessoalmente ao máximo, e, quanto aos que já não podem segui-lo pessoalmente, que encarreguem seus parentes da tarefa. Eu desejo muito, e considero adequado à ocasião, que você sempre esteja cercado de uma multidão.

38. Além disso, acarreta grande glória e enorme prestígio se estiverem a seu lado homens defendidos por você e que devido a seus serviços foram salvaguardados e livrados

---

[25] A expressão original latina, equivalente a "tem duas caras", é curiosa: fulano "pinta o rosto", "usa a maquiagem".

ac iudiciis liberati sunt. haec tu plane ab his postulato ut quoniam nulla impensa per te alii rem, alii honorem, alii salutem ac fortunas omnis obtinuerint, nec aliud ullum tempus futurum sit ubi tibi referre gratiam possint, hoc te officio remunerentur.

X

39. Et quoniam in amicorum studiis haec omnis oratio versatur, qui locus in hoc genere cavendus sit praetermittendum non videtur. fraudis atque insidiarum et perfidiae plena sunt omnia. non est huius temporis perpetua illa de hoc genere disputatio, quibus rebus benevolus et simulator diiudicari possit; tantum est huius temporis admonere. summa tua virtus eosdem homines et simulare tibi se esse amicos et invidere coegit.

40. Quam ob rem Ἐπιχάρμειον illud teneto, nervos atque artus esse sapientiae non temere credere; et cum tuorum amicorum studia constitueris, tum etiam obtrectatorum atque adversariorum rationes et genera cognoscito. haec tria sunt, unum quos laesisti, alterum qui sine causa non amant, tertium qui competitorum valde amici sunt. quos laesisti,

de uma condenação; com eles você deve ser claro e exigir: como conservaram graças a você, e sem nenhuma despesa[26], ou uma propriedade, ou a honra, ou a vida, ou suas fortunas, e como não haverá nenhuma outra ocasião em que eles possam agradecer-lhe, que eles o recompensem dessa maneira, nas passeatas.

X

39. E como toda esta minha pregação gira em torno do empenho dos amigos, não me parece correto deixar de comentar o ponto com o qual se deve tomar cuidado nessa questão. Falsidade, armadilhas e traição, há aos montes em todos os lugares. Não é este o momento de uma eterna discussão sobre este assunto e de que maneira se pode discernir o bem-intencionado e o dissimulador; este é o momento somente de advertir: sua excelência moral estimulou algumas pessoas a simultaneamente fingir amizade por você e invejá-lo.

40. Por isso, guarde bem a frase de Epicarmo: os nervos e tendões da sabedoria residem no fato de não acreditar ingenuamente; e quando você já tiver assegurado o apoio dos seus amigos, então vá conhecer também as razões e os tipos de seus caluniadores e adversários.

Eles são três: primeiro, os que você prejudicou; segundo, os que sem nenhum motivo não gostam de você; terceiro, os que são amigos íntimos de seus concorrentes.

Quanto aos que você prejudicou ao fazer um discurso contra eles em defesa de um amigo, você deve desculpar-se in-

---

[26] Os advogados em Roma eram proibidos por lei de receber qualquer pagamento por seus serviços; ainda assim, o serviço compensava pelo prestígio auferido e pela eventual troca de favores, como se salienta aqui.

cum contra eos pro amico diceres, iis te plane purgato, necessitudines commemorato, in spem adducito te in eorum rebus, si se in amicitiam tuam contulerint, pari studio atque officio futurum. qui sine causa non amant, eos aut beneficio aut spe aut significando tuo erga illos studio dato operam ut de illa animi pravitate deducas. quorum voluntas erit abs te propter competitorum amicitias alienior, iis quoque eadem inservito ratione qua superioribus et, si probare poteris, te in eos ipsos competitores tuos benevolo esse animo ostendito.

XI

41. Quoniam de amicitiis constituendis satis dictum est, dicendum est de illa altera parte petitionis quae in populari ratione versatur. ea desiderat nomenclationem, blanditiam, adsiduitatem, benignitatem, rumorem, spem in re publica.

42. Primum quod facis, ut homines noris, significa ut appareat, et auge ut cotidie melius fiat. nihil mihi tam populare neque tam gratum videtur. deinde id quod natura non habes induc in animum ita simulandum esse ut natura facere videare. quamquam plurimum natura valet, tamen videtur in paucorum mensum negotio posse simulatio naturam vincere. nam comitas tibi non deest, ea quae bono ac suavi

teiramente perante eles, lembrá-los de que estava cumprindo uma obrigação, seduzi-los à esperança de que, em questões que os envolveram, se eles se entregarem à sua amizade, receberão o mesmo empenho e serviço.

Quanto aos que sem nenhum motivo não gostam de você, ou por meio de um favor, ou esperança, ou demonstrando um vivo interesse por eles, esforce-se para afastá-los desse preconceito insensato.

Quanto àqueles cuja simpatia e afeição passam longe de você por amizade a um adversário, também com eles você deve empregar o mesmo procedimento descrito acima e, se conseguir ser convincente, mostre boa vontade mesmo em relação aos seus concorrentes.

XI

41. Uma vez que a respeito da constituição de amizades já se disse o bastante, cabe tocar agora naquele outro componente de uma campanha eleitoral, que consiste na conquista do povo.

Isso requer conhecer as pessoas pelo nome, usar de certa bajulação, estar sempre presente, ser generoso, gozar de boa reputação e despertar esperança na política.

42. Em primeiro lugar, isso que já é do seu feitio, que é conhecer as pessoas, saliente-o e intensifique-o para que seja cada dia mais bem executado; nada me parece atrair mais a simpatia popular.

O segundo, um atributo que lhe é ausente por natureza[27], convença-se de que você deve ensaiar até que pareça agir naturalmente; com efeito, não lhe falta a cortesia apropriada

---
[27] Quinto fala da lisonja ou bajulação.

homine digna est, sed opus est magno opere blanditia, quae etiam si vitiosa est et turpis in cetera vita, tamen in petitione est necessaria. etenim cum deteriorem aliquem adsentando facit, tum improba est, cum amiciorem, non tam vituperanda, petitori vero necessaria est, cuius frons et vultus et sermo ad eorum quoscumque convenerit sensum et voluntatem commutandus et accommodandus est.

43. Iam adsiduitatis nullum est praeceptum, verbum ipsum docet quae res sit. prodest quidem vehementer nusquam discedere, sed tamen hic fructus est adsiduitatis, non solum esse Romae atque in foro sed adsidue petere, saepe eosdem appellare, non committere ut quisquam possit dicere, †quod eius consequi possis, si abs te non sit rogatum† et valde ac diligenter rogatum.

44. Benignitas autem late patet. est in re familiari, quae quamquam ad multitudinem pervenire non potest, tamen ab amicis si laudatur, multitudini grata est; est in conviviis, quae fac et abs te et ab amicis tuis concelebrentur et passim et tributim; est etiam in opera, quam pervulga et communica, curaque ut aditus ad te diurni nocturnique pateant, neque solum foribus aedium tuarum sed etiam vultu ac fronte, quae est animi ianua; quae si significat voluntatem abditam

a um homem bom e gentil, porém, é preciso mais que isso, uma certa bajulação, a qual, mesmo sendo viciosa e torpe no restante da vida, todavia é imprescindível numa campanha eleitoral.

De fato, quando a bajulação é usada para corromper alguém, ela é vil; quando é para aproximar pessoas amistosamente, não é tão execrável, e até necessária, na verdade, para um candidato, cujo humor, semblante e discurso devem mudar e se acomodar às convicções e desejos de cada pessoa que ele encontra.

43. Quanto à presença constante, não há nenhum conselho: a própria expressão já diz de que se trata.

Ajuda e muito, realmente, nunca se ausentar da cidade, mas a vantagem da presença constante não é apenas estar em Roma e na praça pública, e sim pedir votos o tempo todo, dirigir-se às mesmas pessoas repetidas vezes, não permitir, até onde estiver ao seu alcance, que um eleitor possa dizer que não foi solicitado por você, e solicitado com vigor e insistência.

44. A generosidade, ao contrário, se manifesta em toda parte[28]: na utilização do patrimônio pessoal, pois, embora não possa ser verificada diretamente pelo povo, desde que elogiada pelos amigos, o povo fica satisfeito; nos banquetes, que você e seus amigos devem oferecer tanto para convidados em geral quanto para tribos específicas; também nos seus serviços profissionais, que você deve divulgar e tornar disponíveis a todos, certificando-se de que o acesso esteja liberado dia e noite, não apenas pelo portão de sua casa, mas também por seu rosto e seu olhar, que é a porta da alma: se você dá

---

[28] Há aqui um trocadilho: a presença constante significa concentrar-se em Roma, enquanto a generosidade se distribui e repercute por todo lugar, a qualquer momento.

esse ac retrusam, parvi refert patere ostium. homines enim non modo promitti sibi, praesertim quod de candidato petant, sed etiam large atque honorifice promitti volunt.

45. Qua re hoc quidem facile praeceptum est, ut quod facturus sis id significes te studiose ac libenter esse facturum; illud difficilius et magis ad tempus quam ad naturam accommodatum tuam, quod facere non possis, ut id† iucunde neges† quorum alterum est tamen boni viri, alterum boni petitoris. nam cum id petitur, quod honeste aut non sine detrimento est nostro promittere non possumus, quo modo si qui roget ut contra amicum aliquem causam recipiamus, belle negandum est, ut ostendas necessitudinem, demonstres quam moleste feras, aliis te rebus exsarturum esse persuadeas.

XII

46. Audivi hoc dicere quendam de quibusdam oratoribus, ad quos causam suam detulisset, gratiorem sibi orationem eius fuisse qui negasset quam illius qui recepisset. sic homines fronte et oratione magis quam ipso beneficio reque capiuntur. verum hoc probabile est, illud alterum subdurum tibi homini Platonico suadere, sed tamen tempori consulam. quibus enim te propter aliquod officium necessitudinis ad-

mostras de uma personalidade fechada e reservada, de pouco adianta abrir o portão da rua.

As pessoas, com efeito, querem não somente ouvir promessas (sobretudo em relação a algo que estão pedindo a um candidato), mas sim promessas amplas e respeitosas.

45. Assim, um conselho fácil de seguir é, sem dúvida, este: tudo o que vier a fazer, realce que está fazendo com empenho e satisfação.

Outro conselho, mais difícil e mais assente ao momento do que à sua natureza, diz respeito a um pedido ao qual não seja capaz de atender: nesse caso, ou negue de modo simpático ou então não negue de jeito nenhum; a primeira atitude é de um bom homem, a segunda, de um bom candidato.

De fato, quando alguém pede algo que não podemos prometer honestamente ou sem nos prejudicarmos, como, por exemplo, se alguém solicitar que aceitemos uma causa contra algum amigo, cordialmente devemos negar; mostre seu compromisso, deixando claro como lamenta, convencendo-o de que de alguma maneira você vai se separar.

XII

46. Já ouvi um sujeito falar, a respeito de alguns advogados para os quais tinha encaminhado sua causa, que ficou mais satisfeito com a resposta dos que recusaram que com a dos que aceitaram: assim as pessoas se deixam conquistar mais pelo olhar e pelo discurso do que pelo próprio favor.

Porém, se essa primeira atitude é aceitável, bem mais difícil será convencer você, um estudioso de Platão, a tomar a segunda, mas mesmo assim vou me deter e analisar a presente situação.

futurum negaris, tamen ii possunt abs te placati aequique discedere; quibus autem idcirco negaris, quod te impeditum esse dixeris aut amicorum hominum negotiis aut gravioribus causis aut ante susceptis, inimici discedunt omnesque hoc animo sunt ut sibi te mentiri malint quam negare.

47. C. Cotta, in ambitione artifex, dicere solebat se operam suam, quoad non contra officium rogaretur, polliceri solere omnibus, impertire iis apud quos optime poni arbitraretur; ideo se nemini negare, quod saepe accideret causa cur is cui pollicitus esset non uteretur, saepe ut ipse magis esset vacuus quam putasset; neque posse eius domum compleri qui tantum modo reciperet quantum videret se obire posse; casu fieri ut agantur ea quae non putaris, illa quae credideris in manibus esse ut aliqua de causa non agantur; deinde esse extremum ut irascatur is cui mendacium dixeris.

48. Id, si promittas, et incertum est et in diem et in paucioribus; sin autem id neges, et certe abalienes et statim et pluris. plures enim multo sunt qui rogant ut uti liceat opera alterius quam qui utuntur. qua re satius est ut ex his aliquos aliquando in foro tibi irasci quam omnis continuo domi,

Aos que você, alegando deveres estritamente profissionais, negar algo, ainda assim eles podem despedir-se calmos e serenados; porém, aos que você negar, dizendo que se encontra impedido ou por negócios com pessoas amigas ou por compromissos mais sérios ou assumidos anteriormente, é como inimigos que eles vão se despedir: todas as pessoas, no íntimo, preferem uma mentira a uma recusa.

47. Caio Cota[29], um mestre em campanhas eleitorais, costumava dizer que normalmente prometia seus serviços a todas as pessoas — dedicando-se de fato àqueles, dentre todos, que julgasse valer mais a pena.

Por isso, não negava nada a ninguém, pois muitas vezes ocorria que, por algum motivo, aquele a quem havia feito uma promessa acabava não precisando mais de seus serviços, e muitas vezes ele mesmo ficava com mais tempo disponível do que tinha imaginado.

Também dizia que ninguém fica com a casa cheia se só aceita o que acha que consegue cumprir; por obra do destino ocorre que causas que você não esperava sejam levadas a julgamento, e outras que você acreditava trabalhosas, por um motivo qualquer, não chegaram aos tribunais.

Enfim, demora até que fique com raiva uma pessoa a quem você disse uma mentira.

48. De fato, se você promete, essa raiva é incerta, futura e se instala em bem poucos. Mas se você nega, certamente provoca irritação, no ato e em muitos.

Com efeito, há muito mais pessoas que pedem licença para usar de seus serviços do que aquelas que acabam usando.

---

[29] Caio Aurélio Cota pertencia a uma família de políticos. Orador famoso, foi cônsul em 75 a.C. e mais tarde, governou a Gália Cisalpina (atual região do Vale do Pó, no norte da Itália). Cícero o distinguiu como personagem de seu livro *De Natura Deorum* (Sobre a Natureza dos Deuses).

praesertim cum multo magis irascantur iis qui negent, quam ei quem videant ea ex causa impeditum, ut facere quod promisit cupiat si ullo modo possit.

49. Ac ne videar aberrasse a distributione mea, qui haec in hac populari parte petitionis disputem, hoc sequor, haec omnia non tam ad amicorum studia quam ad popularem famam pertinere, et si inest aliquid ex illo genere, benigne respondere, studiose inservire negotiis ac periculis amicorum, tamen hoc loco ea dico, quibus multitudinem capere possis, ut de nocte domus compleatur, ut multi spe tui praesidi teneantur, ut amiciores abs te discedant quam accesserint, ut quam plurimorum aures optimo sermone compleantur.

XIII

50. Sequitur enim ut de rumore dicendum sit, cui maxime serviendum est. sed quae dicta sunt omni superiore oratione, eadem ad rumorem concelebrandum valent, dicendi laus, studia publicanorum et equestris ordinis, hominum nobilium voluntas, adulescentulorum frequentia, eorum qui abs te defensi sunt adsiduitas, ex municipiis multitudo eorum

Por isso, é melhor que fiquem com raiva de você alguns, de vez em quando, no fórum, do que todos, o tempo todo, em sua casa, principalmente porque as pessoas ficam muito mais irritadas com aqueles que negam do que com aquele que veem que, encontrando-se por um determinado motivo momentaneamente impossibilitado, deseja cumprir o que prometeu na primeira oportunidade.

49. E que não pareça que eu me desviei da sequência de tópicos que propus, só porque estou discutindo esse assunto na parte destinada à campanha junto ao povo: eu estou obedecendo a ela e tudo isso diz menos respeito ao apoio dos amigos do que à fama popular. E, embora se apresentem aqui alguns pontos daquele outro tópico — responder amavelmente, servir zelosamente aos amigos em seus negócios e situações perigosas —, neste instante, estou falando de procedimentos com os quais você pode dominar a massa, para ter a casa cheia antes mesmo do amanhecer, para arrebanhar muita gente com a esperança de sua proteção, para que as pessoas se despeçam de você mais amigas do que na entrada, para que espalhem aos ouvidos do maior número de eleitores um excelente relato a seu respeito.

XIII

50. Conforme a sequência, cabe agora falar sobre a boa reputação, da qual você deve cuidar ao máximo.

Porém, o que foi dito ao longo de toda a explanação acima também vale para granjear uma boa reputação: a fama como orador, o apoio dos publicanos e da ordem equestre, a simpatia dos aristocratas, a adesão em massa dos jovens, o acompanhamento permanente dos que foram defendidos por você, o grande número de eleitores que, saindo dos municípios do

quos tua causa venisse appareat, bene te ut homines nosse, comiter appellare, adsidue diligenter petere, benignum ac liberalem esse et loquantur et existiment, domus ut multa nocte compleatur, omnium generum frequentia adsit, satis fiat oratione omnibus, re operaque multis; perficiatur id quod fieri potest labore et arte ac diligentia, non ut ad populum ab his omnibus fama perveniat sed ut in his studiis populus ipse versetur.

51. Iam urbanam illam multitudinem et eorum studia qui contiones tenent adeptus es in Pompeio ornando, Manili causa recipienda, Cornelio defendendo; excitanda nobis sunt quae adhuc habuit nemo quin idem splendidorum hominum voluntates haberet. efficiendum etiam illud est ut sciant omnes Cn. Pompei summam esse erga te voluntatem et vehementer ad illius rationes te id adsequi quod petis pertinere.

52. Postremo tota petitio cura ut pompae plena sit, ut inlustris, ut splendida, ut popularis sit, ut habeat summam speciem ac dignitatem, ut etiam si quae possit ratione, competitoribus tuis exsistat aut sceleris aut libidinis aut largitionis accommodata ad eorum mores infamia.

53. Atque etiam in hac petitione maxime videndum est ut spes rei publicae bona de te sit et honesta opinio; nec tamen

interior da Itália, vieram aqui claramente por sua causa, as pessoas admirando e falando bem do fato de você conhecê-las, cumprimentá-las amavelmente, cabalar votos com persistência e zelo, ser bom e generoso, com sua casa cheia bem antes do amanhecer, com multidões de homens de todos os gêneros ao seu redor, com suas palavras satisfazendo a todos, e seus serviços, a muitos, conseguindo tudo o que se pode conseguir através de trabalho, habilidade e diligência, averiguando não que sua fama se transmite de seus partidários ao povo, mas que o próprio povo compartilha dessa devoção.

51. Você já conquistou a população de Roma e o apoio dos que controlam as assembleias ao homenagear Pompeu, ao aceitar advogar no processo de Manílio, ao defender Cornélio.[30] Devemos agora despertar o entusiasmo que até hoje ninguém obteve sem obter primeiro a simpatia dos homens mais ilustres. Devemos fazer também com que todos saibam que Cneu Pompeu nutre a maior simpatia por você e tem um grande interesse estratégico pessoal em que você alcance o cargo que está pleiteando.

52. Por último, cuide para que sua campanha inteira seja repleta de pompa, que seja brilhante, esplêndida e popular, que tenha uma imagem e um prestígio insuperáveis, e que também surja, se houver alguma base que o permita, uma acusação de crime, luxúria ou corrupção coerente com o caráter de seus rivais.

53. E também, nesta eleição, deve-se acima de tudo ficar atento para que você gere uma esperança otimista na políti-

---

[30] Manílio e Cornélio eram partidários de Pompeu. Caio Manílio, quando no cargo de tribuno da plebe, apresentou uma lei transferindo poderes militares a Pompeu. Essa lei foi defendida por Cícero no discurso *Pro Lege Manilia* (*De Imperio Cn. Pompei*). Mais tarde, foi acusado de corrupção, mas seu julgamento foi adiado pelo próprio Cícero, que já havia aceitado defendê-lo. Caio Cornélio, citado no parágrafo V.19, havia sido alto funcionário de Pompeu. Cícero o defendeu, com sucesso, em 65 a.C.

in petendo res publica capessenda est neque in senatu neque in contione, sed haec tibi sunt retinenda ut senatus te existimet ex eo quod ita vixeris defensorem auctoritatis suae fore, equites et viri boni ac locupletes ex vita acta te studiosum oti ac rerum tranquillarum, multitudo ex eo quod dumtaxat oratione in contionibus ac iudicio popularis fuisti, te a suis commodis non alienum futurum.

XIV

54. Haec veniebant mihi in mentem de duabus illis commentationibus matutinis, quod tibi cotidie ad forum descendenti meditandum esse dixeram: 'novus sum, consulatum peto.' Tertium restat: 'Roma est,' civitas ex nationum conventu constituta, in qua multae insidiae, multa fallacia, multa in omni genere vitia versantur, multorum adrogantia, multorum contumacia, multorum malevolentia, multorum superbia, multorum odium ac molestia perferenda est. video esse magni consili atque artis in tot hominum cuiusque modi vitiis tantisque versantem vitare offensionem, vitare fabulam,

ca, bem como uma opinião honorável a seu respeito. Apesar disso, você não deve, durante a campanha, participar das discussões e decisões políticas, nem no Senado nem nas assembleias. Ao contrário, você deve ter em mente o seguinte: que o Senado imagine que você, por ter sempre agido assim, será um defensor de sua autoridade; já os cavaleiros romanos e os cidadãos corretos e ricos, que você, pelos atos do passado, será um patrocinador fervoroso da paz e da tranquilidade; e a massa popular, que você, por ter sido sempre (ao menos nos discursos proferidos nas assembleias e nos tribunais) partidário do povo, não será indiferente aos seus interesses.

XIV

54. Tudo isso é o que me veio à mente a respeito daquelas duas recomendações que formulei no início[31], sugerindo que todos os dias, quando estiver indo para o fórum, você deve relembrar: "Sou um homem novo, quero o consulado." Resta o terceiro ponto: "Aqui é Roma" — uma sociedade formada por um conjunto de nações, na qual proliferam muitas armadilhas, muita mentira, muitos vícios de todo o gênero e na qual devemos aguentar a arrogância de muitos, o atrevimento de muitos, a hostilidade de muitos, o desdém de muitos, o ódio e o estorvo de muitos.

Vejo que é de grande sensatez e habilidade que esse homem, circulando em meio aos mais variados e mais tenebrosos vícios de um número imenso de pessoas, evite a ofensa,

---

[31] O texto latino encontra-se emendado. A palavra *matutinis* não foi traduzida na presente versão. Uma alternativa seria entender a expressão como: "meditações (*commentationibus*) que você deve fazer pela manhã (*matutinis*)" (apud Henderson). De todo o modo, trata-se das sugestões que estão no inicio da carta, em 12.

vitare insidias, esse unum hominem accommodatum ad tantam morum ac sermonum ac voluntatum varietatem.

55. Qua re etiam atque etiam perge tenere istam viam quam institisti, excelle dicendo. hoc et tenentur Romae et adliciuntur et ab impediendo ac laedendo repelluntur. et quoniam in hoc vel maxime est vitiosa civitas, quod largitione interposita virtutis ac dignitatis oblivisci solet, in hoc fac ut te bene noris, id est ut intellegas eum esse te qui iudici ac periculi metum maximum competitoribus adferre possis.

Fac ut se abs te custodiri atque observari sciant; cum diligentiam tuam, cum auctoritatem vimque dicendi tum profecto equestris ordinis erga te studium pertimescent.

56. Atque haec ita nolo te illis proponere ut videare accusationem iam meditari, sed ut hoc terrore facilius hoc ipsum quod agis consequare. et plane sic contende omnibus nervis ac facultatibus ut adipiscamur quod petimus. video nulla esse comitia tam inquinata largitione quibus non gratis aliquae centuriae renuntient suos magno opere necessarios.

57. Qua re si advigilamus pro rei dignitate et si nostros ad summum studium benevolosi excitamus et si hominibus studiosis gratiosisque nostri suum cuique munus discribimus et si competitoribus iudiciuin proponimus, sequestribus me-

evite a fofoca, evite as armadilhas e seja o único adaptado a tão grande variedade de costumes, falas e sentimentos.

55. Assim, continue avançando cada vez mais por esse caminho que você tem trilhado e seja insuperável na oratória: isso mantém os homens em Roma e os alicia, e os impede de estorvá-lo ou prejudicá-lo.

Ademais, como o maior de todos os vícios da sociedade reside no fato de que, quando entram em campo a corrupção e o suborno, ela costuma esquecer-se da moral e da dignidade, trate de conhecer bem a você mesmo, isto é, perceba que você é quem pode provocar em seus concorrentes o mais intenso pavor de um processo e uma condenação.

Faça com que eles saibam que são vigiados e observados por você; eles vão temer profundamente não só seu empenho, não só a autoridade e a força de sua oratória, mas também, com certeza, o firme apoio que a ordem equestre lhe dá.

56. Mas também não quero que você ostente isso diante deles de maneira a parecer que já está planejando de antemão uma acusação, e sim que, pelo simples medo disso, você consiga com mais facilidade exatamente aquilo que busca.[32]

E lute até o fim, com todas as suas forças e qualidades, para conseguirmos o que pleiteamos.

Vejo que não existe nenhuma eleição tão corrompida pelo dinheiro que algumas centúrias não proclamem como vencedores, sem nenhum pagamento, os candidatos fortemente vinculados a elas.

57. Sendo assim, se velamos pela grandeza do pleito, se induzimos os nossos simpatizantes a uma militância extremamente empenhada, se atribuímos a cada um dos homens

---

[32] A legislação eleitoral restringia o ataque judicial direto contra adversários e assim Quinto adverte o irmão, a fim de que ele não tenha problemas jurídicos na campanha por causa disso.

tum inicimus, divisores ratione aliqua coercemus, perfici potest ut largitio nulla sit aut nihil valeat.

58. Haec sunt quae putavi non melius scire me quam te sed facilius his tuis occupationibus conligere unum in locum posse et ad te perscripta mittere. quae tametsi ita sunt scripta ut non ad omnis qui honores petant sed ad te proprie et ad hanc petitionem tuam valeant, tamen tu si quid mutandum esse videbitur aut omnino tollendum aut si quid erit praeteritum velim hoc mihi dicas; volo enim hoc commentariolum petitionis haberi omni ratione perfectum.

influentes que nos apoiam uma tarefa específica, se insinuamos aos competidores um processo, infundimos medo nos intermediários, restringimos de alguma maneira a ação dos distribuidores[33], é possível conseguir que a corrupção não ocorra ou, ocorrendo, não tenha nenhum efeito.

58. Eis o que eu julguei não saber melhor do que você mas mais facilmente, em virtude de seus compromissos, poder reunir num único lugar e enviar a você nesta carta.

Essas sugestões, todavia, foram escritas não para servir a todos os que concorrem a cargos políticos, mas especificamente a você e a esta sua campanha; apesar disso, se lhe parecer que algo deva ser alterado ou inteiramente suprimido, ou se algo teria sido esquecido, por favor, eu gostaria que me dissesse, pois desejo que este manual do candidato às eleições seja considerado perfeito sob todo e qualquer ponto de vista.

---

[33] Num esquema de corrupção bem organizado, havia uma distribuição de tarefas: "intermediários" traduz a palavra *sequestribus*, depositários com que o dinheiro do suborno era mantido até se confirmar o efeito da corrupção; enquanto "distribuidores" traduz a palavra *diuisores*, os repassadores da propina, que iam buscar o dinheiro confiado aos sequestres para entregá-lo em mãos aos que haviam sido subornados.

EPISTVLA PRIMA
AD QVINTVM FRATREM

CARTA DO BOM
ADMINISTRADOR PÚBLICO

EPISTVLA PRIMA
AD QVINTVM FRATREM

(Ad Quintum fratrem, lib. I, ep. I)
Scr. Romae a.u.c. 694.
MARCUS QUINTO FRATRI SAL.

I

1. Etsi non dubitabam, quin hanc epistulam multi nuntii, fama denique esset ipsa sua celeritate superatura tuque ante ab aliis auditurus esses annum tertium accessisse desiderio nostro et labori tuo, tamen existimavi a me quoque tibi huius molestiae nuntium perferri oportere: nam superioribus litteris, non unis, sed pluribus, cum iam ab aliis desperata res esset, tamen tibi ego spem maturae decessionis afferebam, non solum ut quam diutissime te iucunda opinione oblectarem,

CARTA DO BOM ADMINISTRADOR PÚBLICO

(Das cartas de Marco Cícero
ao irmão Quinto, livro I, carta I)
De Marco Túlio Cícero ao irmão Quinto
Roma, ano 60 a.C.

Caro Irmão,

I

1. Embora não duvide que esta carta foi superada por muitos mensageiros, pela boataria, enfim, com sua peculiar velocidade, e que você já está sabendo por outros que um terceiro ano foi acrescentado à nossa saudade e ao seu trabalho, mesmo assim julguei que era uma obrigação sobretudo minha dar-lhe ciência desse infortúnio[1]. Afinal, nas cartas anteriores, não uma, mas muitas, quando todos já consideravam a causa perdida, eu ainda lhe dava esperança de um breve retorno, não apenas para distraí-lo pelo maior tempo possível com uma expectativa agradável, mas também porque um

---

[1] A segunda prorrogação do mandato de Quinto como governador de uma província relativamente distante é considerada desagradável, pois o mantém afastado do centro de decisões políticas e também dos prazeres da vida em Roma.

sed etiam quia tanta adhibebatur et a nobis et a praetoribus contentio, ut rem posse confici non diffiderem;

2. Nunc, quoniam ita accidit, ut neque praetores suis opibus neque nos nostro studio quidquam proficere possemus, est omnino difficile non graviter id ferre, sed tamen nostros animos maximis in rebus et gerendis et sustinendis exercitatos frangi et debilitari molestia non oportet. Et, quoniam ea molestissime ferre homines debent, quae ipsorum culpa contracta sunt, est quiddam in hac re mihi molestius ferendum quam tibi: factum est enim mea culpa, contra quam tu mecum et proficiscens et per litteras egeras, ut priore anno non succederetur; quod ego, dum saluti sociorum consulo, dum impudentiae nonnullorum negotiatorum resisto, dum nostram gloriam tua virtute augeri expeto, feci non sapienter, praesertim cum id commiserim, ut ille alter annus etiam tertium posset adducere.

3. Quod quoniam peccatum meum esse confiteor, est sapientiae atque humanitatis tuae curare et perficere, ut hoc minus sapienter a me provisum diligentia tua corrigatur. Ac, si te ipse vehementius ad omnes partes bene audiendi excitaris, non ut cum aliis, sed ut tecum iam ipse certes, si omnem

esforço tão grande foi feito por mim e pelos pretores que eu nunca deixei de confiar que se pudesse obter um acordo.

2. Agora, uma vez que isso já aconteceu e nem os pretores com sua influência nem eu com o meu empenho conseguimos ser bem sucedidos, é realmente difícil não ficar ressentido; mas, por outro lado, não convém que nossos espíritos, acostumados a enfrentar e dar conta das maiores tarefas, se deixem abater e enfraqueçam diante dessa contrariedade.

E, uma vez que as pessoas devem ficar especialmente contrariadas com os problemas causados por culpa de si mesmas, há nessa questão algo que me obriga a ficar mais contrariado do que você.

De fato, foi por minha culpa — e contra isso que você insistiu comigo tanto ao partir daqui quanto por cartas — que no ano passado não lhe foi indicado um sucessor; pois eu, enquanto me preocupava com o bem-estar dos aliados[2], enquanto resistia às pretensões descaradas de alguns comerciantes, enquanto ansiava ver sua glória aumentada por sua conduta excelente, agi sem sabedoria, principalmente ao tornar possível que aquele segundo ano trouxesse consigo também um terceiro.

3. Já que estou confessando que o erro foi meu, cabe à sua sabedoria e civilidade[3] tomar todas as providências e zelar para que ele, não corretamente previsto por minha atitude pouco sábia, seja corrigido por seu empenho e diligência. Aliás, se você se dispuser mais intensamente a praticar todas as ações que geram uma boa reputação, não para tentar supe-

---

[2] Os povos nativos das províncias sob o controle de Roma, por oposições aos cidadãos romanos.

[3] A palavra "civilidade" traduz (aqui e ao longo do texto) o termo latino *humanitas*, que abrange várias ideias, como boa educação, bom caráter, humanidade, sensibilidade, refinamento, saber humanista e cultura geral. O contexto, muitas vezes, reforça uma ou outra dessas possíveis acepções.

tuam mentem, curam, cogitationem ad excellentis in omnibus rebus laudis cupiditatem incitaris, mihi crede, unus annus additus labori tuo multorum annorum laetitiam nobis, immo vero etiam posteris nostris afferet.

4. Quapropter hoc te primum rogo, ne contrahas aut demittas animum neve te obrui, tamquam fluctu, sic magnitudine negotii sinas, contraque te erigas ac resistas sive etiam ultro occurras negotiis; neque enim eiusmodi partem rei publicae geris, in qua fortuna dominetur, sed in qua plurimum ratio possit et diligentia. Quod si tibi bellum aliquod magnum et periculosum administranti prorogatum imperium viderem, tremerem animo, quod eodem tempore esse intelligerem etiam fortunae potestatem in nos prorogatam:

5. Nunc vero ea pars tibi rei publicae commissa est, in qua aut nullam aut perexiguam partem fortuna teneat et quae mihi tota in tua virtute ac moderatione animi posita esse videatur.

Nullas, ut opinor, insidias hostium, nullam proelii dimicationem, nullam defectionem sociorum, nullam inopiam stipendii aut rei frumentariae, nullam editionem exercitus pertimescimus; quae persaepe sapientissimis viris acciderunt, ut, quemadmodum gubernatores optimi vim tempestatis, sic illi

rar os outros, mas a você mesmo, se você empregar toda a sua inteligência, preocupação e raciocínio no desejo nobre e elevado de receber elogios em todas as situações, creia-me, um só ano acrescentado ao seu trabalho acarretará muitos anos de alegria para nós e até mesmo para nossos descendentes.

4. Por isso, em primeiro lugar, peço-lhe que não fique deprimido e desanimado, nem se deixe sucumbir, tal qual diante de uma correnteza, pela magnitude de sua tarefa, mas, ao contrário, levante-se e resista, e até mesmo tome a iniciativa de correr para enfrentar seus afazeres.

Na realidade, você não está administrando uma região da República em que predomina o destino, mas uma em que a razão e o empenho detêm todo o poder.

Entretanto, se eu visse o seu mandato ser prorrogado quando lhe coubesse conduzir alguma guerra vasta e perigosa, eu tremeria em meu peito, pois no mesmo instante compreenderia que a força do destino sobre nós é que estaria sendo prorrogada.

5. Mas, na verdade, coube-lhe uma região do Estado em que o destino ou não tem nenhum papel ou este é extremamente reduzido, e que, a meu ver, depende inteiramente de seu caráter moral e autocontrole.

Parece-me que não precisamos ter receio de nenhuma emboscada dos inimigos, nenhum combate de guerra, nenhuma deserção dos aliados, nenhuma falta de pagamento dos tributos ou escassez de alimentos, nenhuma sedição das tropas, problemas que com grande frequência ocorreram aos mais sábios homens públicos, de tal modo que, assim como os melhores barqueiros não podem enfrentar a fúria de uma tempestade, eles não puderam superar o ataque do destino.

fortunae impetum superare non possent. Tibi data est summa pax, summa tranquillitas, ita tamen, ut ea dormientem gubernatorem vel obruere, vigilantem etiam delectare possit;

6. Constat enim ea provincia primum ex eo genere sociorum, quod est ex hominum omni genere humanissimum, deinde ex eo genere civium, qui aut, quod publicani sunt, nos summa necessitudine attingunt aut, quod ita negotiantur, ut locupletes sint, nostri consulatus beneficio se incolumes fortunas habere arbitrantur.

II

7. «At enim inter hos ipsos existunt graves controversiae, multae nascuntur iniuriae, magnae contentiones consequuntur». — Quasi vero ego id putem, non te aliquantum negotii sustinere. Intelligo permagnum esse negotium et maximi consilii, sed memento consilii me hoc negotium esse magis aliquanto quam fortunae putare; quid est enim negotii continere eos, quibus praesis, si te ipse contineas? id autem sit magnum et difficile ceteris, sicut est difficillimum: tibi et fuit hoc semper facillimum et vero esse debuit, cuius natura talis est, ut etiam sine doctrina videatur moderata esse potuisse, ea autem adhibita doctrina est, quae vel vitiosissimam natu-

Já para você foi concedida uma paz suprema; uma tranquilidade suprema; mas assim como ela pode eventualmente arruinar um barqueiro sonolento, também pode deliciar um vigilante.

6. Com efeito, sua província é composta, em primeiro lugar, por um gênero de aliado que é, de todos os tipos de povos, o mais civilizado; em segundo lugar, por um gênero de cidadãos romanos que, ou por serem publicanos[4], estão ligados a nós pelos mais estreitos laços, ou por serem comerciantes que enriqueceram, julgam ter as fortunas intocadas graças ao meu consulado.

II

7. "Mas, na verdade, entre eles mesmos existem graves desentendimentos, surgem muitas injúrias, seguem-se grandes conflitos",[5]

Ora, como se eu imaginasse que você não tem de suportar uma considerável carga de problemas! Sei perfeitamente que seu fardo é muito grande e exige o máximo de discernimento. Porém, lembre-se: acredito que esse fardo é muito mais uma questão de discernimento que de destino. De fato, qual é o problema de controlar aqueles a quem você comanda, se você controlar a si mesmo?

Isso, no entanto, é uma tarefa grande e difícil para os outros, e de fato é extremamente difícil; para você, isso não só foi sempre muito fácil como também é, na verdade, um dever, pois sua índole é tal que até mesmo sem educação eu acho que você conseguiria ser moderado: mas você recebeu

---

[4] Vide nota 3 do primeiro texto deste livro.

[5] Cícero imagina essa objeção, possível de ser formulada por Quinto.

ram excolere possit. Tu cum pecuniae, cum voluptatis, cum omnium rerum cupiditati resistes, ut facis, erit, credo, periculum, ne improbum negotiatorem, paullo cupidiorem publicanum comprimere non possis! nam Graeci quidem sic te ita viventem intuebuntur, ut quendam ex annalium memoria aut etiam de caelo divinum hominem esse in provinciam delapsum putent.

8. Atque haec nunc non ut facias, sed ut te et facere et fecisse gaudeas scribo; praeclarum est enim summo cum imperio fuisse in Asia triennium sic, ut nullum te signum, nulla pictura, nullum vas, nulla vestis, nullum mancipium, nulla forma cuiusquam, nulla condicio pecuniae, quibus rebus abundat ista provincia, ab summa integritate continentiaque deduxerit;

9. Quid autem reperiri tam eximium aut tam expetendum potest, quam istam virtutem, moderationem animi, temperantiam non latere in tenebris neque esse abditam, sed in luce Asiae, in oculis clarissimae provinciae atque in auribus omnium gentium ac nationum esse positam? non itineribus tuis perterreri homines, non sumptu exhauriri, non adventu commoveri? esse, quocumque veneris, et publice et privatim maximam laetitiam, cum urbs custodem, non tyrannum, domus hospitem, non expilatorem recepisse videatur?

uma educação que seria capaz de refinar qualquer índole, por mais grotesca que fosse.

Você sempre que resistir ao dinheiro, aos prazeres, a todos os desejos, como tem feito, acabará gerando — faz de contas que acredito! — o perigo de "não" conseguir refrear um comerciante desonesto, um publicano um pouco mais ganancioso!

Quanto aos gregos[6], ao verem-no com esse estilo de vida assim recatado, vão achar que você é um herói saído dos anais da História ou até um ser divino caído do céu na província.

8. Ademais, estou lhe escrevendo isso agora não para que você venha a agir assim, mas para que você se alegre de estar agindo e ter agido assim.

É sem dúvida glorioso que, tendo exercido o comando supremo durante três anos na Ásia, nenhuma estátua, nenhuma pintura, nenhum vaso, nenhum tecido, nenhum escravo, nenhuma forma de beleza, nenhuma oferta de dinheiro — todas essas tentações que sua província tem de sobra —, nada o desviou da mais completa integridade e decência.

9. Mas o que pode proporcionar de tão maravilhoso ou tão desejável quanto o fato de sua virtude, autocontrole e sobriedade não estarem ocultos nas sombras nem afastados das vistas, mas expostas na luz da Ásia, aos olhos da mais ilustre província, e aos ouvidos de todos os povos e nações? De as pessoas em seu caminho não ficarem apavoradas? De não se exaurirem para sustentar seu luxo? De não se perturbarem com sua chegada? De se espalhar, aonde quer que você vá, uma enorme alegria tanto em público quanto nas residências, notando-se que a cidade o recebe como protetor, e não tirano, os lares como hóspede, e não assaltante?

---

[6] Um grande número de gregos habitava a Ásia, seja em comunidades da Ásia Menor, seja nas ilhas gregas que faziam parte dessa província.

III

10. His autem in rebus iam te usus ipse profecto erudivit nequaquam satis esse ipsum has te habere virtutes, sed esse circumspiciendum diligenter, ut in hac custodia provinciae non te unum, sed omnes ministros imperii tui sociis et civibus et rei publicae praestare videare. Quamquam legatos habes eos, qui ipsi per se habituri sint rationem dignitatis suae, de quibus honore et dignitate et aetate praestat Tubero, quem ego arbitror, praesertim cum scribat historiam, multos ex suis annalibus posse deligere, quos velit et possit imitari, Allienus autem noster est cum animo et benevolentia, tum vero etiam imitatione vivendi; nam quid ego de Gratidio dicam? quem certe scio ita laborare de existimatione sua, ut propter amorem in nos fraternum etiam de nostra laboret.

11. Quaestorem habes non tuo iudicio delectum, sed eum, quem sors dedit: hunc oportet et sua sponte esse moderatum et tuis institutis ac praeceptis obtemperare. Quorum si quis forte esset sordidior, ferres eatenus, quoad per se negligeret eas leges, quibus esset astrictus, non ut ea potestate, quam tu ad dignitatem permisisses, ad quaestum uteretur; neque enim mihi sane placet, praesertim cum hi mores tantum iam ad nimiam lenitatem et ad ambitionem incubuerint, scrutari

III

10. Mas nesses assuntos a própria experiência sem dúvida lhe ensinou que não basta de jeito nenhum ter pessoalmente tais virtudes, mas você deve vigiar o que se passa ao seu redor com atenção, para que, na administração da província, não apenas você, mas todos os assessores de seu governo pareçam zelar pelos interesses dos aliados, dos cidadãos e da república.

É bem verdade que você tem, como auxiliares diretos, homens que já vão cuidar por si mesmos das obrigações de seus cargos. Dentre eles, destaca-se, pela função, prestígio e idade, Tuberão; eu penso, principalmente por ele ser um historiador, que pode escolher de seus próprios registros muitos exemplos que deseja e tem condições de imitar. Alieno, por sua vez, é nosso amigo, tanto por afinidade espiritual e pela estima que demonstra por nós, quanto por imitar nosso estilo de vida. E o que eu preciso dizer de Gratídio? Tenho certeza absoluta de que ele se esforça arduamente para alcançar prestígio individual e da mesma forma, por causa de uma afeição fraternal por nós, também se esforça por nosso prestígio.

11. Já o seu questor[7] não foi escolhido por você, mas indicado por sorteio. Cabe a ele ser por vontade própria moderado e obedecer às suas decisões e instruções.

Se algum desses assessores for por acaso mais corrupto, tolere até certo ponto, desde que ele cometa infrações de caráter particular e às quais se encontre pessoalmente vinculado, mas não permita que ele use o poder que você conferiu ao cargo para obter vantagens. Com efeito, não me agrada muito — principalmente porque os atuais costumes se renderam a uma excessiva indulgência e são bastante favoráveis à ambição pessoal — que você fique investigando todos os casos de

---

[7] Cargo de menor relevo na carreira política, tinha como principal função o controle das contas públicas. A província onde ia trabalhar era definida por sorteio.

te omnes sordes, excutere unum quemque eorum, sed, quanta sit in quoque fides, tantum cuique committere. Atque inter hos eos, quos tibi comites et adiutores negotiorum publicorum dedit ipsa res publica, dumtaxat finibus iis praestabis, quos ante praescripsi;

IV

12. Quos vero aut ex domesticis convictionibus aut ex necessariis apparitionibus tecum esse voluisti, qui quasi ex cohorte praetoris appellari solent, horum non modo facta, sed etiam dicta omnia praestanda nobis sunt.

Sed habes eos tecum, quos possis recte facientes facile diligere, minus consulentes existimationi tuae facillime coercere: a quibus, rudis cum esses, videtur potuisse tua liberalitas decipi, nam, ut quisque est vir optimus, ita difficillime esse alios improbos suspicatur; nunc vero tertius hic annus habeat integritatem eandem, quam superiores, cautiorem etiam ac diligentiorem.

13. Sint aures tuae, quae id, quod audiunt, existimentur audire, non in quas ficte et simulate quaestus causa insusurretur; sit anulus tuus non ut vas aliquod, sed tamquam ipse tu, non minister alienae voluntatis, sed testis tuae; accensus sit eo numero, quo eum maiores nostri esse volue-

corrupção, e revire em detalhes cada um deles. Porém, quanto houver de confiável numa pessoa, nessa mesma medida entregue-lhe uma responsabilidade.

Além disso, dentre todos os assessores, aqueles que lhe foram indicados como colaboradores e auxiliares nas funções públicas pelo próprio Estado, só se responsabilize por eles exatamente até o limite que indiquei acima.

IV

12. Já aqueles que você quis que o acompanhassem, seja como empregados de sua comitiva doméstica, seja como membros mais próximos e imediatos de sua equipe de trabalho, homens que costumam ser chamados de uma espécie de "corte do pretor", quanto a estes, não só pelo que fazem, mas até por tudo o que dizem, devemos ser responsáveis.

Contudo, estão a seu lado pessoas que, se agirem corretamente, você pode facilmente tratar com grande afeição, e se forem menos preocupadas com o seu prestígio político, ainda mais facilmente pode coibir. Quando você era novato no cargo, parece possível que sua generosidade se deixasse enganar por eles, pois quanto mais um homem é excelente, mais dificilmente suspeita que os outros sejam desonestos. Mas agora, tomara que este terceiro ano tenha a mesma integridade dos anteriores, mas seja até mais cauteloso e diligente.

13. Que seus ouvidos tenham a fama de só escutar o que de fato presenciaram, e não do tipo em que se podem cochichar invenções e dissimulações motivadas pelo desejo do lucro.

Que seu sinete seja não como um utensílio qualquer, mas tal e qual você em pessoa, não um escravo da vontade alheia, mas uma testemunha da sua.

runt, qui hoc non in beneficii loco, sed in laboris ac muneris non temere nisi libertis suis deferebant, quibus illi quidem non multo secus ac servis imperabant; sit lictor non suae, sed tuae lenitatis apparitor maioraque praeferant fasces illi ac secures dignitatis insignia quam potestatis: toti denique sit provinciae cognitum tibi omnium, quibus praesis, salutem, liberos famam, fortunas esse carissimas. Denique haec opinio sit, non modo iis, qui aliquid acceperint, sed iis etiam, qui dederint, te inimicum, si id cognoveris, futurum: neque vero quisquam dabit, cum erit hoc perspectum, nihil per eos, qui simulant se apud te multum posse, abs te solere impetrari.

14. Nec tamen haec oratio mea est eiusmodi, ut te in tuos aut durum esse nimium aut suspiciosum velim: nam, si quis est eorum, qui tibi biennii spatio numquam in suspicionem avaritiae venerit, ut ego Caesium et Chaerippum et Labeonem et audio et, quia cognovi, existimo, nihil est, quod non et iis et si quis est alius eiusdemmodi et committi et credi rectissime putem; sed, si quis est, in quo iam offenderis, de

Que seu oficial de justiça ocupe a posição que nossos ancestrais lhe reservaram: eles, por se tratar não de um cargo vantajoso, mas sim de sacrifício e responsabilidade, não por acaso só indicavam para ocupá-lo algum de seus escravos libertos, nos quais eles mandavam, na verdade, não muito diferente do que nos escravos.

Que seu lictor[8] distribua não a clemência dele, mas a sua; e que eles carreguem os feixes e machados à sua frente como símbolos mais do cargo que do poder.

Enfim, que toda a província saiba que o bem-estar, os filhos, a reputação e as riquezas de todas as pessoas sob seu governo são objeto de sua mais profunda devoção.

Por último, que se forme a seu respeito a seguinte convicção: que não somente aqueles que receberam alguma propina, mas até mesmo aqueles que deram, vão se tornar seus amigos pessoais, se você ficar sabendo do caso.

Na verdade, ninguém dará nenhuma propina quando ficar bem claro que normalmente não se consegue nada através dessas pessoas que fingem ter muita influência junto a você.

14. Todavia, esta minha carta não significa que eu queira que você seja excessivamente rigoroso com seus subordinados ou suspeite demasiado deles. Com efeito, se algum deles, no espaço de dois anos, nunca esteve sob a suspeita a de ganância — como eu mesmo ouço falar de Césio, Queripo e Labeão e, como os conheço, acredito nisso —, não há nada, em minha opinião que não possa ser absolutamente seguro confiar ou delegar a eles ou àqueles de comportamento semelhante.

---

[8] Os lictores eram funcionários que andavam à frente das autoridades, carregando nas mãos os *fasces*, feixes de varas com um machado na ponta; além da tarefa de abrir alas, também ajudavam os magistrados a prender e punir os condenados.

quo aliquid senseris, huic nihil credideris, nullam partem existimationis tuae commiseris.

V

15. In provincia vero ipsa si quem es nactus, qui in tuam familiaritatem penitus intrarit, qui nobis ante fuerit ignotus, huic quantum credendum sit, vide: non quin possint multi esse provinciales viri boni, sed hoc sperare licet, iudicare periculosum est; multis enim simulationum involucris tegitur et quasi velis quibusdam obtenditur unius cuiusque natura: frons, oculi, vultus persaepe mentiuntur, oratio vero saepissime. Quamobrem qui potes reperire ex eo genere hominum, qui pecuniae cupiditate adducti careant iis rebus omnibus, a quibus nos divulsi esse non possumus, te autem, alienum hominem, ament ex animo ac non sui commodi causa simulent? Mihi quidem permagnum videtur, praesertim si iidem homines privatum non fere quemquam, praetores semper omnes amant: quo ex genere si quem forte tui cognosti amantiorem — fieri enim potuit — quam temporis, hunc vero ad tuorum numerum libenter ascribito; sin autem id non perspicies, nullum genus erit in familiaritate cavendum magis, propterea quod et omnes vias pecuniae norunt et om-

Mas se há alguém que já o desagradou, a respeito de quem você ficou sabendo algo, não confie nele, nem deposite nele parcela alguma de sua reputação.

V

15. Se aí na própria província você encontrou alguém que se instalou fundo em sua intimidade e que antes nos era desconhecido, veja bem até que ponto deve confiar nele! Não que muitos provincianos não possam ser homens de bem, mas se é lícito ter essa esperança, é perigoso chegar a um veredito final sobre eles. De fato, muitas camadas de dissimulação encobrem e, como se fossem véus, escondem a índole de cada um; a fronte, os olhos e a fisionomia com muita frequência mentem, e a fala, então, com a maior frequência.

Por isso, como é possível encontrar alguém, em meio a esse tipo de homens que, seduzidos pelo desejo de dinheiro, têm falta dessas coisas das quais eu mesmo não consigo me afastar[9], como é possível encontrar alguém, repito, que justamente com você, um estrangeiro, tenha uma amizade sincera e não finja isso em troca de vantagens? Quanto a mim, isso me parece incrivelmente difícil, principalmente se esses mesmos homens não tem amizade com quase nenhum cidadão comum, e sempre têm com todos os pretores.

Se dentre eles, porém, você por acaso conhecer alguém que seja mais amigo seu — isso realmente pode acontecer — que de sua posição no momento, este sim, acrescente com satisfação a lista dos seus amigos.

Mas se não tiver certeza disso, com nenhum outro tipo de gente você deve tomar mais cuidado, pelo simples fato de

---

[9] Cícero tinha adoração pela vida em Roma e evitou ao máximo assumir um cargo político fora da capital.

nia pecuniae causa faciunt et, quicum victuri non sunt, eius existimationi consulere non curant.

16. Atque etiam e Graecis ipsis diligenter cavendae sunt quaedam familiaritates praeter hominum perpaucorum, si qui sunt vetere Graecia digni: sic vero fallaces sunt permulti et leves et diuturna servitute ad nimiam assentationem eruditi: quos ego universos adhiberi liberaliter, optimum quemque hospitio amicitiaque coniungi dico oportere; nimiae familiaritates eorum neque tam fideles sunt — non enim audent adversari nostris voluntatibus —, et invident non nostris solum, verum etiam suis.

VI

17. Iam, qui in eiusmodi rebus, in quibus vereor etiam ne durior sim, cautus esse velim ac diligens, quo me animo in servis esse censes? quos quidem cum omnibus in locis, tum praecipue in provinciis regere debemus; quo de genere multa praecipi possunt, sed hoc et brevissimum est et facillime teneri potest, ut ita se gerant in istis Asiaticis itineribus, ut si iter Appia via faceres, neve interesse quidquam putent, utrum Trallis an Formias venerint. Ac, si quis est ex servis

que eles conhecem todos os caminhos do dinheiro e é pelo dinheiro que fazem todas as coisas; ademais, não se preocupam com a reputação de uma pessoa com quem não vão conviver no futuro.

16. Além disso, mesmo entre os próprios gregos deve-se tomar cuidado ao construir amizades muito próximas, com exceção de pouquíssimos homens, se houver alguns dignos na Grécia antiga[10]. Os gregos mentirosos, sem dúvida, são muitos — muitíssimos! — e também são inconsequentes e, devido a uma submissão prolongada, mestres na adulação excessiva.

De minha parte afirmo que todos eles devem ser tratados com cortesia, e só os melhores devem se ligar a você por laços de hospitalidade e amizade. Intimidades excessivas por parte deles não se comprovam tão confiáveis --- pois não ousam se opor às nossas vontades --- e eles invejam não apenas os cidadãos romanos, mas até seus próprios concidadãos.

VI

17. E passando agora a questões nas quais receio ser muito rigoroso, desejando ser apenas cauteloso e diligente, que disposição de espírito você imagina que eu tenha em relação aos escravos?

Devemos controlá-los, sem dúvida, em todos os lugares, mas principalmente nas províncias.

Referente a isso, muitas regras podem ser formuladas, mas a seguinte é a mais curta e mais fácil de ser lembrada e executada: que eles se comportem em sua passagem pela Ásia como se você estivesse caminhando pela via Ápia e não jul-

---

[10] A Grécia, naquele momento, estava decadente e empobrecida, mas ainda guardava a memória do período clássico.

egregie fidelis, sit in domesticis rebus et privatis, quae res ad officium imperii tui atque ad aliquam partem rei publicae pertinebunt, de his rebus ne quid attingat; multa enim, quae recte committi servis fidelibus possunt, tamen sermonis et vituperationis vitandae causa committenda non sunt.

18. Sed nescio quo pacto ad praecipiendi rationem delapsa est oratio mea, cum id mihi propositum initio non fuisset; quid enim ei praecipiam, quem ego, in hoc praesertim genere, intelligam prudentia non esse inferiorem quam me, usu vero etiam superiorem? sed tamen, si ad ea, quae faceres, auctoritas accederet mea, tibi ipsi illa putavi fore iucundiora.

Quare sint haec fundamenta dignitatis tuae: tua primum integritas et continentia, deinde omnium, qui tecum sunt, pudor, delectus in familiaritatibus et provincialium hominum et Graecorum percautus et diligens, familiae gravis et constans disciplina.

19. Quae cum honesta sint in his privatis nostris quotidianisque rationibus, in tanto imperio tam depravatis moribus, tam corruptrice provincia divina videantur necesse est. Haec institutio atque haec disciplina potest sustinere in rebus statuendis et decernendis eam severitatem, qua tu in iis rebus

guem que há qualquer diferença se seguem para Trales ou Fórmias.[11] Mas, se houver entre os escravos algum excepcionalmente fiel, empregue-o em seus negócios domésticos e privados; quanto aos assuntos que dizem respeito ao exercício de seu cargo e a algum aspecto do governo, que destes negócios ele não chegue perto. Muitas, de fato, são as tarefas que podem ser confiadas aos escravos fiéis, mas que não lhes deve ser confiadas a fim de evitar fofocas e maledicências.

18. Contudo, não sei de que maneira minha carta enveredou para um manual de recomendações, quando esse não foi meu propósito no início. Afinal, que conselhos posso dar a alguém que, especialmente nesse assunto, eu percebo claramente não ser inferior a mim em sabedoria, e em experiência, ser até superior?

Mas, por outro lado, se suas ações fossem reforçadas e apoiadas por minha autoridade, você mesmo, ao que pensei, tiraria delas maior satisfação.

Portanto, que sejam os alicerces de seu prestígio, primeiro, sua integridade e autocontrole; depois, a decência e o escrúpulo de todos os que estão à sua volta, uma seleção extremamente cautelosa e criteriosa das amizades íntimas, seja de residentes na província, seja de gregos, e, quanto aos escravos, uma rigorosa e permanente disciplina.

19. Essas atitudes já são louváveis nos negócios privados e na vida cotidiana, mas em meio a tão grande poder, tão depravados costumes, tão corruptora província, somos obrigados a considerá-las divinas.

Esse sistema e essa disciplina podem amparar, nos seus veredictos e decisões, essa severidade que você tem empregado

---

[11] A via Ápia era uma das principais estradas de Roma, dirigindo-se ao litoral sul e à Itália meridional. Fórmias era uma famosa cidade litorânea perto de Roma, um balneário luxuoso onde Cícero chegou a possuir uma casa de veraneio e onde foi assassinado. Trales era uma importante cidade comercial da Ásia.

usus es, ex quibus nonnullas simultates cum magna mea laetitia susceptas habemus: nisi forte me Paconii nescio cuius, hominis ne Graeci quidem ac Mysi aut Phrygis potius, querelis moveri putas aut Tuscenii, hominis furiosi ac sordidi, vocibus, cuius tu ex impurissimis faucibus inhonestissimam cupiditatem eripuisti summa cum aequitate.

VII

20. Haec et cetera plena severitatis, quae statuisti in ista provincia, non facile sine summa integritate sustinuerimus; quare sit summa in iure dicundo severitas, dummodo ea ne varietur gratia, sed conservetur aequabilis; sed tamen parvi refert abs te ipso ius dici aequabiliter et diligenter, nisi idem ab iis fiet, quibus tu eius muneris aliquam partem concesseris. Ac mihi quidem videtur non sane magna varietas esse negotiorum in administranda Asia, sed ea tota iurisdictione maxime sustineri; in qua scientiae, praesertim provincialis, ratio ipsa expedita est: constantia est adhibenda et gravitas, quae resistat non solum gratiae, verum etiam suspicioni.

em seus negócios que têm sido a fonte de não poucas inimizades que, com grande alegria, temos enfrentado... a não ser que você porventura ache que me importo com as queixas de um Pacônio não-sei-de-quê, um sujeito nem sequer grego, mas antes da Mísia ou da Frígia[12], ou com as palavras de Tusceno, um sujeito desequilibrado e sórdido, de cuja garganta extremamente impura você extirpou, com suprema justiça, uma cobiça extremamente infame!

VII

20. Essas e outras medidas cheias de severidade que você tomou em sua província nós não sustentaríamos facilmente sem uma suprema integridade. Por isso, que haja uma suprema severidade ao proferir as sentenças[13], contanto que ela não varie em razão de favorecimentos, mas se conserve igual para todos.

Mas, por outro lado, de pouco adianta você mesmo proferir sentenças com imparcialidade e zelo, se o mesmo não for feito por aqueles aos quais você delegou alguma parte desse encargo.

A meu ver, não há uma variedade muito grande de afazeres no governo da Ásia, mas todo ele se baseia preponderantemente na deliberação de sentenças judiciais. Nesse campo, a regra fundamental da arte de governar, especialmente nas províncias, é simples: deve-se usar de firmeza e também de seriedade, que resista não só aos favorecimentos mas até a suspeita destes.

---

[12] Regiões da Ásia Menor, cujos habitantes eram considerados rústicos.

[13] O governador da província também era responsável por decisões judiciais.

21. Adiungenda etiam est facilitas in audiendo, lenitas in decernendo, in satisfaciendo ac disputando diligentia. Iis rebus nuper C. Octavius iucundissimus fuit, apud quem proximus lictor quievit, tacuit accensus, quoties quisque voluit dixit et quam voluit diu; quibus ille rebus fortasse nimis lenis videretur, nisi haec lenitas illam severitatem tueretur: cogebantur Sullani homines, quae per vim et metum abstulerant, reddere; qui in magistratibus iniuriose decreverant, eodem ipsis privatis erat iure parendum. Haec illius severitas acerba videretur, nisi multis condimentis humanitatis mitigaretur.

22. Quod si haec lenitas grata Romae est, ubi tanta arrogantia est, tam immoderata libertas, tam infinita hominum licentia, denique tot magistratus, tot auxilia, tanta vis concionis, tanta senatus auctoritas, quam iucunda tandem praetoris comitas in Asia potest esse! in qua tanta multitudo civium, tanta sociorum, tot urbes, tot civitates unius hominis nutum intuentur, ubi nullum auxilium est, nulla conquestio, nullus senatus, nulla concio: quare permagni hominis est et cum ipsa natura moderati, tum vero etiam doctrina atque optima-

21. Devem-se acrescentar também a boa vontade ao ouvir, a clemência ao julgar, e, ao conceder e negar, o cuidado.

Agindo assim, Caio Otávio[14] alcançou recentemente a maior popularidade: em seu tribunal, o primeiro lictor se acalmou, calou-se o oficial de justiça, e todo mundo disse o que quis, e pelo tempo que quis.

Ao agir desse modo, ele talvez tivesse parecido complacente demais, se tal complacência não preservasse intocadas algumas famosas demonstrações de severidade: assim, os "homens de Sula"[15] eram obrigados a devolver o que tiraram por meio da força e do medo; os que, quando magistrados, haviam tomado decisões injustas, ao retornar à condição de cidadãos comuns tinham de se submeter aos mesmos critérios.

Uma tal severidade por parte de Caio Otávio, pareceria amarga, se não fosse suavizada pelos muitos temperos da civilidade.

22. Mas se essa complacência é amada em Roma, onde há uma arrogância tamanha, uma liberdade tão sem controle, uma licenciosidade tão sem limite por parte das pessoas, onde há, enfim, tantos magistrados, tantas formas de ajuda, tamanha força do povo, tamanha autoridade do Senado, então, quanto não pode ser popular, afinal, a cortesia de um pretor na Ásia, onde tamanha multidão de cidadãos, tamanho número de aliados, tantas cidades, tantos povos testemunham a autoridade de um único homem? Onde não há nenhuma possibilidade de ajuda, nenhuma via de apelação, nenhum senado, nenhuma assembleia popular?

---

[14] Pai do futuro imperador Augusto. No momento da carta, era pretor na Macedônia. A passagem do texto refere-se à época em que foi pretor em Roma.

[15] Expressão que designava ex-soldados de Sula, general e ditador romano que promoveu uma reforma agrária em 81 a.C., confiscando terras para destiná-las a seus veteranos. Cf. nota 11.

rum artium studiis eruditi sic se adhibere in tanta potestate, ut nulla alia potestas ab iis, quibus is praesit, desideretur.

VIII

23. Cyrus ille a Xenophonte non ad historiae fidem scriptus est, sed ad effigiem iusti imperii; cuius summa gravitas ab illo philosopho cum singulari comitate coniungitur: quos quidem libros non sine causa noster ille Africanus de manibus ponere non solebat; nullum est enim praetermissum in iis officium diligentis et moderati imperii, eaque si sic coluit ille, qui privatus futurus numquam fuit, quonam modo retinenda sunt iis, quibus imperium ita datum est, ut redderent, et ab iis legibus datum est, ad quas revertendum est?

24. Ac mihi quidem videntur huc omnia esse referenda iis, qui praesunt aliis, ut ii, qui erunt in eorum imperio, sint quam beatissimi: quod tibi et esse antiquissimum et ab initio fuisse, ut primum Asiam attigisti, constanti fama atque omnium sermone celebratum est. Est autem non modo eius, qui

Por isso, é próprio do homem magnífico, moderado por sua própria natureza e também refinado pela educação e pelo estudo das mais nobres artes, comportar-se de um tal modo em meio a tamanho poderio que de nenhum outro poder compensatório seus súditos sintam falta.

VIII

23. O famoso Ciro foi descrito por Xenofonte[16] não conforme a crença histórica, mas como um modelo do governo justo: sua enorme seriedade se mescla, por obra daquele filósofo, com uma cortesia sem igual — esse livro, não sem motivo, o nosso célebre Africano[17] não costumava tirar das mãos, pois nele não foi deixada de lado nenhuma obrigação própria de um governo diligente e moderado.

E se o famoso Ciro, que nunca teve como destino ser um cidadão comum, cultivou essas qualidades, de que modo muito mais extraordinário devem ser mantidas por aqueles cujo poder de governar foi dado na condição de ser restituído, e dado por uma legislação a que deve voltar a se submeter?!

24. A meu ver, todas as tarefas devem ser executadas pelos que governam outras pessoas tendo em mente o seguinte critério: que os indivíduos que estiverem sob seu governo sejam os mais felizes do mundo; e que essa regra é, para você, o mais importante de tudo, e tem sido desde o início, tão logo você alcançou a Ásia, é algo celebrado pela opinião invariável e pela conversa de todos.

---

[16] Autor do livro *Ciropedia*, em que descreve a educação de Ciro, o Grande, notável imperador persa.

[17] Públio Cornélio Cipião Africano (o Menor), nascido em 185 a.C. e um dos maiores estadistas e generais romanos, cultuado por sua coragem e erudição.

sociis et civibus, sed etiam eius, qui servis, qui mutis pecudibus praesit, eorum, quibus praesit, commodis utilitatique servire;

25. Cuius quidem generis constare inter omnes video abs te summam adhiberi diligentiam: nullam aes alienum novum contrahi civitatibus, vetere autem magno et gravi multas abs te esse liberatas; urbes complures dirutas ac paene desertas, in quibus unam Ioniae nobilissimam, alteram Cariae, Samum et Halicarnassum, per te esse recreatas; nullas esse in oppidis seditiones, nullas discordias; provideri abs te, ut civitates optimatium consiliis administrentur; sublata Mysiae latrocinia, caedes multis locis repressas, pacem tota provincia constitutam, neque solum illa itinerum atque agrorum, sed multo etiam plura et maiora oppidorum et fanorum latrocinia esse depulsa; remotam a fama et a fortunis et ab otio locupletium illam acerbissimam ministram praetorum avaritiae, calumniam; sumptus et tributa civitatum ab omnibus, qui earum civitatum fines incolant, tolerari aequaliter; facillimos esse aditus ad te, patere aures tuas querelis omnium, nullius inopiam ac solitudinem non modo illo populari accessu ac tribunali, sed ne domo quidem et cubiculo esse exclusam tuo; toto denique in imperio nihil acerbum esse, nihil crudele, atque omnia plena clementiae, mansuetudinis, humanitatis.

Por outro lado, é dever não só de quem governa aliados e cidadãos, mas também escravos e até animais sem o dom da fala, servir ao bem-estar e interesse desses a quem governa.

25. A esse respeito, aliás, vejo que todos concordam que você apresenta o máximo de zelo; que nenhuma nova dívida está sendo contraída pelas comunidades; que, ao contrário, muitas foram liberadas por você de um antigo pagamento grande e pesado; que muitas e muitas cidades em ruínas e quase desertas — entre as quais uma era a mais famosa da Jônia, a outra, da Cária,[18] respectivamente Samos e Halicarnasso — graças a você foram reconstruídas; que não houve nenhuma insurreição nas vilas do interior, nenhuma discórdia; que você tomou providências para que as comunidades fossem administradas por conselhos formados por seus próprios líderes; eliminados os assaltos na Mísia; os assassinatos suprimidos em muitos lugares; a paz estabelecida por toda a província; que não somente aqueles furtos e latrocínios ocorridos nas estradas e no campo, mas também os ocorridos nas cidades e nos templos, que são muito mais frequentes e graves, foram aniquilados; que foi mantida longe do prestígio, das riquezas e da tranquilidade dos ricos aquela crudelíssima ferramenta da ganância dos pretores, a acusação falsa; concernente às despesas e aos tributos das comunidades, todos os que residem dentro dos limites das comunidades os repartem de modo proporcional e equânime; é facílimo aproximar-se de você; os seus ouvidos estão abertos às queixas de todos: a falta de dinheiro ou de padrinhos não excluiu ninguém do acesso até você, não só nos locais públicos e tribunais, mas nem sequer em sua casa e sua sala-de-estar; o seu governo inteiro, em suma, não tem nada de rude, nada de cruel, com todos os atos cheios de clemência, brandura e civilidade.

---

[18] Regiões da costa da Ásia Menor.

IX

26. Quantum vero illud est beneficium tuum, quod iniquo et gravi vectigali aedilicio cum magnis nostris simultatibus Asiam liberasti? Etenim, si unus homo nobilis queritur palam te, quod edixeris, ne ad ludos pecuniae decernerentur, HS. CC. sibi eripuisse, quanta tandem pecunia penderetur, si omnium nomine, quicumque Romae ludos facerent, quod erat iam institutum, erogaretur? Quamquam has querelas hominum nostrorum illo consilio oppressimus, quod in Asia nescio quonam modo, Romae quidem non mediocri cum admiratione laudatur, quod, cum ad templum monumentumque nostrum civitates pecunias decrevissent, cumque id et pro meis magnis meritis et pro tuis maximis beneficiis summa sua voluntate fecissent nominatimque lex exciperet, ut ad templum et monumentum capere liceret, cumque id, quod dabatur, non esset interiturum, sed in ornamentis templi futurum, ut non mihi potius quam populo Romano ac dis immortalibus datum videretur, tamen id, in quo erat dignitas, erat lex, erat eorum, qui faciebant, voluntas, accipiendum non putavi cum aliis de causis, tum etiam ut animo aequiore ferrent ii, quibus nec deberetur nec liceret.

27. Quapropter incumbe toto animo et studio omni in eam rationem, qua adhuc usus es, ut eos, quos tuae fidei po-

IX

26. Realmente, que enorme bem você fez ao liberar a Ásia do injusto e pesado "imposto edilício"[19], mesmo nos custando grandes inimizades! De fato, se um só homem da aristocracia queixou-se abertamente de que você, ao decretar que "não se aprovaria dinheiro para os jogos", tirou dele duzentos mil sestércios, então quanto dinheiro não seria gasto, se o montante de todos os que promoveram jogos em Roma fosse restituído, prática que já havia sido adotada?!

Seja como for, sufocamos as queixas dos nossos amigos com aquela minha decisão, que na Ásia não sei como tem sido recebida, mas em Roma é elogiada com uma não mediana admiração, a saber: embora as comunidades estabelecessem as somas em dinheiro para um templo e um monumento em nossa homenagem; e embora eles fizessem isso tanto por meus grandes méritos quanto por seus enormes favores, e o fizessem com a maior boa vontade, e a lei contemplasse textualmente uma exceção, afirmando que "é lícito recolher dinheiro para um templo e um monumento"; e embora o que fosse dado não seria desperdiçado, mas permaneceria nos ornamentos do templo, de tal modo que pareceria ser dado menos a mim, e mais ao povo romano e aos deuses imortais; apesar disso tudo, mesmo havendo uma dignidade, havendo uma lei, havendo a vontade dos que o estavam fazendo, ainda assim, não julguei que devesse aceitar, por vários motivos, mas principalmente para que os homens a quem semelhante homenagem nem era devida nem seria permitida suportassem essa desonra com mais serenidade.

27. Por isso, dedique-se de todo o coração e com todo o empenho a esta estratégia que até aqui tem empregado, tendo afei-

---

[19] Tributo cobrado pelos edis, a fim de bancar as despesas com a realização de jogos.

testatique senatus populusque Romanus commisit et credidit, diligas et omni ratione tueare et esse quam beatissimos velis. Quod si te sors Afris aut Hispanis aut Gallis praefecisset, immanibus ac barbaris nationibus, tamen esset humanitatis tuae consulere eorum commodis et utilitati salutique servire: cum vero ei generi hominum praesimus, non modo in quo ipso sit, sed etiam a quo ad alios pervenisse putetur humanitas, certe iis eam potissimum tribuere debemus, a quibus accepimus;

28. Non enim me hoc iam dicere pudebit, praesertim in ea vita atque iis rebus gestis, in quibus non potest residere inertiae aut levitatis ulla suspicio, nos ea, quae consecuti sumus iis studiis et artibus esse adeptos, quae sint nobis Graeciae monumentis disciplinisque tradita. Quare praeter communem fidem, quae omnibus debetur, praeterea nos isti hominum generi praecipue debere videmur, ut, quorum praeceptis sumus eruditi, apud eos ipsos, quod ab iis didicerimus, velimus expromere.

X

29. Atque ille quidem princeps ingenii et doctrinae Plato tum denique fore beatas res publicas putavit, si aut docti et

ção pelas pessoas que o Senado e o povo romano confiaram e entregaram à sua tutela e poder, e proteja-as por todos os meios, querendo vê-las as mais felizes do mundo.

Ora, se o sorteio tivesse incumbido você de governar os africanos, os espanhóis ou os gauleses, povos bárbaros e selvagens, ainda assim seria um dever de sua civilidade preocupar-se com os interesses deles e servir ao bem-estar e segurança dessas nações.

Mas como governamos uma raça de homens que não somente é dotada de civilidade, mas até mesmo, na opinião geral, é a fonte da civilidade em si, que dela se espalhou para as demais, então com certeza devemos tratá-los acima de tudo com a civilidade que deles recebemos.

28. De fato, não vou me envergonhar de dizer — ainda mais ostentando uma vida e realizações em que é impossível vislumbrar a menor suspeita de indolência e leviandade — que tudo o que perseguimos, alcançamos graças aos conhecimentos e às artes que nos foram transmitidas pelos monumentos e pelas lições da Grécia.[20]

Por isso, além da tutela normal que devemos dar a todos, muito além disso, fica claro que temos um dever em particular diante dessa raça de homens: a obrigação de exibir com gosto, para esses mesmos seres cujos ensinamentos nos educaram, o que aprendemos com eles.

X

29. Ademais, aquele famoso príncipe do talento e do estudo, Platão, imaginou que os Estados apenas se tornariam felizes caso os homens instruídos e sábios começassem a diri-

---

[20] Cabe lembrar que os irmãos Cícero estudaram na Grécia, como de praxe entre a elite romana. A palavra "monumentos" pode referir-se a "esculturas" ou a "livros", ao passo que "lições" refere-se tanto às aulas quanto às correntes filosóficas.

sapientes homines eas regere coepissent aut ii, qui regerent, omne suum studium in doctrina et sapientia collocassent: hanc coniunctionem videlicet potestatis et sapientiae saluti censuit civitatibus esse posse; quod fortasse aliquando universae rei publicae nostrae, nunc quidem profecto isti provinciae contigit, ut is in eam summam potestatem haberet, cui in doctrina, cui in virtute atque humanitate percipienda plurimum a pueritia studii fuisset et temporis.

30. Quare cura, ut hic annus, qui ad laborem tuum accessit, idem ad salutem Asiae prorogatus esse videatur. Quoniam in te retinendo fuit Asia felicior, quam nos in deducendo, perfice, ut laetitia provinciae desiderium nostrum leniatur; etenim, si in promerendo, ut tibi tanti honores haberentur, quanti haud scio an nemini, fuisti omnium diligentissimus, multo maiorem in iis honoribus tuendis adhibere diligentiam debes.

31. Equidem de isto genere honorum quid sentirem, scripsi ad te ante: semper eos putavi, si vulgares essent, viles, si temporis causa constituerentur, leves; si vero, id quod ita factum est, meritis tuis tribuerentur, existimabam multam tibi in iis honoribus tuendis operam esse ponendam. Quare, quoniam in istis urbibus cum summo imperio et potestate versaris, in quibus tuas virtutes consecratas et in deorum numero collocatas vides, in omnibus rebus, quas statues, quas decernes, quas ages, quid tantis hominum opinionibus, tan-

gi-los ou então se seus dirigentes dedicassem toda a sua atenção ao estudo e à sabedoria. Ele evidentemente julgou que tal combinação de poder e sabedoria conseguiria ser a salvação dos Estados.

Talvez isso venha a ocorrer em nossa República como um todo, mas exatamente agora, com certeza, é o que está ocorrendo em sua província, pois nela a pessoa que detém o poder supremo é alguém que desde a infância devotou a maior parte de seu esforço e tempo na aquisição de cultura, virtude e civilidade.

30. Por isso, cuide para que este ano, que foi adicionado ao seu trabalho, pareça ser a prorrogação, também, da felicidade da Ásia.

Uma vez que a Ásia foi mais bem-sucedida retendo você do que nós, tentando obter sua partida, faça com que a alegria da província alivie nossa saudade.

Com efeito, se para merecer que lhe fizessem uma tal quantidade de homenagens, que nem sei se chega a ser igualada por alguém, você foi o mais zeloso de todos, então deve empregar um zelo muito maior para conservar tais homenagens.

31. E, na verdade, a respeito desse tipo de homenagens, eu já lhe escrevi anteriormente o que penso. Sempre as considerei, se feitas a todos, sem nenhum valor, se arranjadas sob medida para tirar proveito da ocasião, ninharias. Mas se — e este é o caso — são feitas em virtude de seus méritos, penso que você deve dedicar muito, muito esforço para conservá-las.

Portanto, como você circula pelas cidades de sua província com suprema autoridade e poder, e nelas pode constatar por seus próprios olhos que suas virtudes são consagradas e colocadas no mesmo nível dos deuses, então você vai passar a calcular, em tudo o que estabelecer, decretar ou fizer, qual é sua obrigação diante das opiniões tão elogiosas das pessoas,

tis de te iudiciis, tantis honoribus debeas, cogitabis; id autem erit eiusmodi, ut consulas omnibus, ut medeare incommodis hominum, provideas saluti, ut te parentem Asiae et dici et haberi velis.

XI

32. Atqui huic tuae voluntati ac diligentiae difficultatem magnam afferunt publicani: quibus si adversabimur, ordinem de nobis optime meritum et per nos cum re publica coniunctum et a nobis et a re publica diiungemus; sin autem omnibus in rebus obsequemur, funditus eos perire patiemur, quorum non modo saluti, sed etiam commodis consulere debemus. Haec est una, si vere cogitare volumus, in toto imperio tuo difficultas: nam esse abstinentem, continere omnes cupiditates, suos coercere, iuris aequabilem tenere rationem, facilem se in rebus cognoscendis, in hominibus audiendis admittendisque praebere praeclarum magis est quam difficile; non est enim positum in labore aliquo, sed in quadam inductione animi et voluntate.

33. Illa causa publicanorum quantam acerbitatem afferat sociis, intelleximus ex civibus, qui nuper in portoriis Italiae

dos juízos tão entusiásticos a seu respeito, dessas homenagens tão intensas.

Essa obrigação, acrescento, será a de se preocupar com todos, sanar os infortúnios das pessoas, providenciar sua proteção e ter o desejo de ser não só intitulado mas efetivamente considerado o pai da Ásia.

XI

32. E, no entanto, a esse seu desejo e zelo se opuseram, causando grande embaraço, os publicanos. Quanto a eles, se os enfrentarmos e a seus interesses, afastaremos de nós e do Estado, um grupo social que tem merecido os melhores julgamentos de nossa parte e que, por nossa obra, se encontra intimamente vinculado ao Estado. Mas se nos curvarmos a eles em tudo, estaremos permitindo que fiquem completamente arruinados aqueles por cuja segurança, e mais ainda, por cujos interesses temos o dever de zelar.

Esta é a única — se quisermos ponderar com franqueza —, a única dificuldade em todo o seu governo, pois ser moderado, controlar todos os desejos, coibir os assessores, manter um sistema equânime do direito, mostrar-se acessível e gentil ao investigar e julgar os casos, ao ouvir e receber as pessoas, isso tudo é mais glorioso que difícil de fazer. Não é, com efeito, algo que dependa de algum grande esforço, mas de certa aplicação mental e vontade.

33. Essa questão dos publicanos, nós calculamos quanto sofrimento ela causa aos aliados tomando por base cidadãos romanos que recentemente, quando foram abolidas as taxas alfandegárias da Itália, queixavam-se não tanto da taxa, mas

tollendis non tam de portorio quam de nonnullis iniuriis portitorum querebantur; quare non ignoro, quid sociis accidat in ultimis terris, cum audierim in Italia querelas civium. Hic te ita versari, ut et publicanis satisfacias, praesertim publicis male redemptis, et socios perire non sinas, divinae cuiusdam virtutis esse videtur, id est tuae. Ac primum Graecis id, quod acerbissimum est, quod sunt vectigales, non ita acerbum videri debet, propterea quod sine imperio populi Romani suis institutis per se ipsi item fuerunt; nomen autem publicani aspernari non possunt, qui pendere ipsi vectigal sine publicano non potuerint, quod iis aequaliter Sulla descripserat; non esse autem leniores in exigendis vectigalibus Graecos quam nostros publicanos hinc intelligi potest, quod Caunii nuper omnesque ex insulis, quae erant a Sulla Rhodiis attributae, confugerunt ad senatum, nobis ut potius vectigal quam Rhodiis penderent.

Quare nomen publicani neque ii debent horrere, qui semper vectigales fuerunt, neque ii aspernari, qui per se pendere vectigal non potuerunt, neque ii recusare, qui postulaverunt.

de inúmeros abusos dos fiscais alfandegários[21]. Sendo assim, não ignoro o que deve acontecer aos aliados em terras distantes, quando ouvi reclamações de cidadãos romanos na própria Itália. Nestas circunstâncias, comportar-se de jeito a satisfazer os publicanos, especialmente no caso dos prejudicados por concessões mal ajustadas[22], e ao mesmo tempo não deixar que os aliados fiquem arruinados, parece exigir uma excelência algo divina, isto é, como a sua.

Passando primeiro aos gregos, o que mais os incomoda é o fato de terem de pagar impostos; mas isso não deve parecer assim tão desagradável, pela simples razão de que não foi por ordem do povo romano, mas por sua própria decisão que eles passaram a fazê-lo.

Além disso, não podem mostrar desprezo pela figura do publicano as mesmas pessoas que não teriam conseguido, sem a ajuda dos publicanos, pagar o imposto que Sula havia feito recair em porções iguais sobre eles.[23]

Que os gregos, aliás, não são mais complacentes ao cobrar impostos do que os nossos publicanos, pode-se deduzir do fato de que recentemente os habitantes de Cauno e de todas as ilhas que foram colocadas sob a jurisdição de Rodes por Sula bateram em maciça retirada e vieram até o nosso Senado, querendo pagar o imposto para nós, e não para Rodes.

Sendo assim, nem devem temer a figura do publicano os que sempre pagaram impostos, nem desprezá-la os que não

---

[21] Funcionários contratados pelos publicanos.

[22] Os publicanos arremataram através de leilão, o direito de recolher os impostos em determinada região ou sobre determinada atividade. Se o lance vencedor fosse muito alto, o publicano poderia não reaver seu dinheiro e assim ter prejuízo.

[23] Em função da guerra dos romanos contra Mitrídates, Sula havia cobrado da Ásia uma elevada soma. Os publicanos, tendo acumulado grandes fortunas, agiam muitas vezes como banqueiros, e, nessa ocasião, emprestaram o dinheiro aos habitantes da província.

34. Simul et illud Asia cogitet, nullam ab se neque belli externi neque domesticarum discordiarum calamitatem afuturam fuisse, si hoc imperio non teneretur; id autem imperium cum retineri sine vectigalibus nullo modo possit, aequo animo parte aliqua suorum fructuum pacem sibi sempiternam redimat atque otium.

XII

35. Quod si genus ipsum et nomen publicani non iniquo animo sustinebunt, poterunt iis consilio et prudentia tua reliqua videri mitiora: possunt in pactionibus faciendis non legem spectare censoriam, sed potius commoditatem conficiendi negotii et liberationem molestiae; potes etiam tu id facere, quod et fecisti egregie et facis, ut commemores, quanta sit in publicanis dignitas, quantum nos illi ordini debeamus, ut remoto imperio ac vi potestatis et fascium publicanos cum Graecis gratia atque auctoritate coniungas et ab iis, de quibus optime tu meritus es et qui tibi omnia debent, hoc petas, ut facilitate sua nos eam necessitudinem, quae est nobis cum publicanis, obtinere et conservare patiantur.

36. Sed quid ego te haec hortor, quae tu non modo facere potes tua sponte sine cuiusquam praeceptis, sed etiam mag-

conseguiriam pagar o imposto por si sós, nem rechaçá-la os que o pediram.

34. Ao mesmo tempo, que a Ásia também pondere que não conseguiria manter afastada de si nenhuma calamidade, nem de uma guerra exterior nem de discórdias internas, se nosso império não a controlasse. Mas como esse controle não poderia manter-se de jeito nenhum sem os impostos, que essa região compre para si, com alguma parte de suas rendas, a paz eterna e a tranquilidade.

XII

35. Mas se eles aguentarem sem ressentimentos a classe em si e a figura dos publicanos, tudo o mais, graças a seu planejamento e prudência, poderá parecer-lhes mais suave. Eles têm o direito, ao fazer acordos, de não observar a lei censória[24], mas, ao invés disso, a oportunidade de fechar um negócio, livrando-se de pressões.

Você também pode fazer o que já andou fazendo e ainda tem feito de maneira admirável: lembrar-lhes quanta dignidade há entre os publicanos e quanto devemos àquela ordem, a fim de que, deixando de lado o poder e a força da autoridade e dos feixes, você concilie os publicanos com os gregos por meio de sua simpatia e liderança; e pedir, para aqueles que você serviu de maneira excelente e lhe devem tudo, que sejam compreensivos e permitam que mantenhamos e conservemos o compromisso que temos com os pubicanos.

36. Mas por que eu fico cobrando ações que você não apenas é capaz de fazer por sua própria iniciativa sem os conse-

---

[24] Lei que regulava os contratos de concessão e o trabalho dos publicanos. Era possível fazer acordos particulares, resultando em formas de pagamento diferentes das previstas em lei, que poderiam beneficiar os comerciantes e também os demais pagadores.

na iam ex parte perfecisti? non enim desistunt nobis agere quotidie gratias honestissimae et maximae societates; quod quidem mihi idcirco iucundius est, quod idem faciunt Graeci, difficile est autem ea, quae commodis, utilitate et prope natura diversa sunt, voluntate coniungere. At ea quidem, quae supra scripta sunt, non ut te instituerem scripsi — neque enim prudentia tua cuiusquam praecepta desiderat —, sed me in scribendo commemoratio tuae virtutis delectavit: quamquam in his litteris longior fui, quam aut vellem aut quam me putavi fore.

XIII

37. Unum est, quod tibi ego praecipere non desinam, neque te patiar, quantum erit in me, cum exceptione laudari: omnes enim, qui istinc veniunt, ita de tua virtute, integritate, humanitate commemorant, ut in tuis summis laudibus excipiant unam iracundiam; quod vitium cum in hac privata quotidianaque vita levis esse animi atque infirmi videtur, tum vero nihil est tam deforme, quam ad summum imperium etiam acerbitatem naturae adiungere. Quare illud non suscipiam, ut, quae de iracundia dici solent a doctissimis hominibus, ea nunc tibi exponam, cum et nimis longus esse nolim et ex multorum scriptis ea facile possis cognoscere: illud, quod est epistulae proprium, ut is, ad quem scribitur, de iis rebus, quas ignorat, certior fiat, praetermittendum esse non puto.

lhos de quem quer que seja, mas até já realizou em grande parte? De fato, as mais respeitadas e importantes associações de publicanos não deixam em absoluto de nos agradecer diariamente; e isso me é ainda mais agradável porque o mesmo fazem os gregos. Ora, é difícil conciliar o sentimento daqueles cujos interesses, conveniências e quase mesmo a natureza são divergentes.

Mas o que está escrito acima eu não escrevi para instruí-lo — pois sua prudência não necessita das recomendações de ninguém —, mas porque, ao escrever, a lembrança de seu caráter virtuoso me deleitou; todavia, nesta carta fui mais prolixo do que gostaria ou do que imaginei que seria.

XIII

37. Somente um conselho eu não vou deixar de lhe dar, e não vou tolerar — tanto quanto estiver ao meu alcance — que você, ao ser elogiado, sofra algum reparo. Com efeito, todos os que vêm de sua província contam de sua excelência, integridade e civilidade, bem como, em meio a enormes elogios, fazem-lhe um único reparo: seu gênio explosivo.

Se esse defeito, na vida privada e cotidiana, parece ser próprio de um espírito leviano e fraco, é igualmente verdade que não há nada mais repulsivo do que associar ao poder supremo também a aspereza da alma.

Por isso, não vou assumir a tarefa de expor-lhe, neste instante, todas as opiniões que usualmente são emitidas a respeito da irritação pelos mais doutos filósofos, já que não quero ser demasiado prolixo, e pelos livros de muitos você pode facilmente conhecê-las; quanto ao que é próprio de uma carta, ou seja, que a pessoa a quem se escreve fique ciente dos assuntos que ignora, não acho que isso deva ser omitido.

38. Sic ad nos omnes fere deferunt, nihil, cum absit iracundia, te fieri posse iucundius, sed, cum te alicuius improbitas perversitasque commoverit, sic te animo incitari, ut ab omnibus tua desideretur humanitas: quare, quoniam in eam rationem vitae nos non tam cupiditas quaedam gloriae quam res ipsa ac fortuna deduxit, ut sempiternus sermo hominum de nobis futurus sit, caveamus, quantum efficere et consequi possumus, ut ne quod in nobis insigne vitium fuisse dicatur. Neque ego nunc hoc contendo, quod fortasse cum in omni natura, tum iam in nostra aetate difficile est, mutare animum et, si quid est penitus insitum moribus, id subito evellere, sed te illud admoneo, ut, si hoc plene vitare non potes, quod ante occupatur animus ab iracundia, quam providere ratio potuit, ne occuparetur, ut te ante compares quotidieque meditere resistendum esse iracundiae, cumque ea maxime animum moveat, tum tibi esse diligentissime linguam continendam; quae quidem mihi virtus non interdum minor videtur quam omnino non irasci: nam illud est non solum gravitatis, sed nonnumquam etiam lentitudinis; moderari vero et animo et orationi, cum sis iratus, aut etiam tacere et tenere in sua potestate motum animi et dolorem, etsi non est perfectae sapientiae, tamen est non mediocris ingenii.

39. Atque in hoc genere multo te esse iam commodiorem mitioremque nuntiant: nullae tuae vehementiores animi

38. Pois bem; quase todas as pessoas comentam comigo que ninguém, nos momentos em que sua irritação desaparece, ninguém consegue ser mais agradável do que você, mas quando a desonestidade ou perversidade de uma pessoa qualquer o incomoda, você fica a tal ponto agitado que todos sentem saudades de sua civilidade.

Por isso, uma vez que nos conduziu a este modo de vida não tanto um desejo de glória, como as próprias circunstâncias e a sorte, de tal modo que as conversas dos homens vão tratar de nós para sempre, tomemos cuidado, o máximo que pudermos e conseguirmos, para que não se diga que havia em nós um defeito notório.

E eu não estou agora exigindo algo que é talvez difícil para toda e qualquer pessoa fazer, ainda mais em nossa idade, que é mudar o temperamento e, tratando-se de um vício profundamente arraigado no caráter, subitamente arrancá-lo. Porém, eu lhe faço a seguinte advertência: se você não pode evitar inteiramente que seu espírito seja tomado pela raiva antes que a razão possa se precaver contra isso, então, prepare-se com antecedência e relembre, todos os dias, que deve resistir à irritação; e é exatamente quando ela revolver intensamente sua alma que você deve com maior esforço conter a língua. Isso, aliás, me parece às vezes uma virtude superior, em comparação com o fato de não se irritar por completo, o que, com efeito, não é apenas um sinal de seriedade, mas, não raro, de apatia. No entanto, moderar a alma e a fala, quando se está irado, ou até mesmo calar-se e manter sob controle a emoção do espírito e a indignação, se isso não revela uma sabedoria perfeita, pelo menos indica uma capacidade bem acima da média.

39. E, nesse aspecto, contam que você já está muito mais amistoso e brando. Nenhuma das suas violentíssimas explo-

concitationes, nulla maledicta ad nos, nullae contumeliae perferuntur, quae cum abhorrent a litteris atque ab humanitate, tum vero contraria sunt imperio ac dignitati; nam, si implacabiles iracundiae sunt, summa est acerbitas, sin autem exorabiles, summa levitas, quae tamen, ut in malis, acerbitati anteponenda est.

XIV

40. Sed, quoniam primus annus habuit de hac reprehensione plurimum sermonis, credo propterea, quod tibi hominum iniuriae, quod avaritia, quod insolentia praeter opinionem accidebat et intolerabilis videbatur, secundus autem multo leniore, quod et consuetudo et ratio et, ut ego arbitror, meae quoque litterae te patientiorem lenioremque fecerunt, tertius annus ita debet esse emendatus, ut ne minimam quidem rem quisquam possit ullam reprehendere.

41. Ac iam hoc loco non hortatione neque praeceptis, sed precibus tecum fraternis ago, totum ut animum, curam cogitationemque tuam ponas in omnium laude undique colligenda. Quod si in mediocri statu sermonis ac praedicationis nostrae res essent, nihil abs te eximium, nihil praeter aliorum consuetudinem postularetur: nunc vero propter earum rerum, in quibus versati sumus, splendorem et magnitudinem, nisi summam laudem ex ista provincia assequimur, vix videmur summam vituperationem posse vitare. Ea nostra

sões de temperamento, nenhum dos insultos, nenhum dos impropérios têm sido relatados para mim.

Essas atitudes, se já destoam da educação e da civilidade, ainda mais contrárias são ao poder e à dignidade do cargo. De fato, se os acessos de raiva são implacáveis, é do mais alto grau a crueldade, mas se são contornáveis e cedem facilmente, é do mais alto grau a instabilidade; esta, por sua vez, entre os males, é preferível à crueldade.

XIV

40. Porém, como foi no primeiro ano que circulou um grande falatório censurando este problema — provavelmente, creio eu, pelo fato de que as injustiças, os casos de ganância, a insolência das pessoas o surpreenderam e lhe pareceram intoleráveis —, mas no segundo você foi muito mais brando, pois a prática diária, a ponderação e, ao que penso, também minhas cartas, o deixaram mais paciente e calmo, o terceiro ano deve ser de tal modo impecável que nem mesmo o menor detalhe possa ser censurado por ninguém.

41. E, nesse sentido, já não são exortações nem conselhos, mas uma súplica de irmão que lhe dirijo: que você devote inteiramente sua alma, sua atenção e seu pensamento a conquistar o elogio de todas as pessoas, por toda a parte.

Ora, se nossos feitos não atingissem mais que um nível mediano entre os comentários particulares e públicos, não se exigiria nada de especial de sua parte, nada além do que é usual entre as demais pessoas. No entanto, por causa do esplendor e da grandeza dos acontecimentos com os quais nos envolvemos, se não conquistarmos o maior elogio possível de sua província, dificilmente, ao que parece, poderemos evitar a maior desmoralização possível.

ratio est, ut omnes boni cum faveant, tum etiam omnem a nobis diligentiam virtutemque et postulent et exspectent, omnes autem improbi, quod cum iis bellum sempiternum suscepimus, vel minima re ad reprehendendum contenti esse videantur:

42. Quare, quoniam eiusmodi theatrum totius Asiae virtutibus tuis est datum, celebritate refertissimum, magnitudine amplissimum, iudicio eruditissimum, natura autem ita resonans, ut usque Romam significationes vocesque referantur, contende, quaeso, atque elabora, non modo ut his rebus dignus fuisse, sed etiam ut illa omnia tuis artibus superasse videare.

XV

43. Et quoniam mihi casus urbanam in magistratibus administrationem rei publicae, tibi provincialem dedit, si mea pars nemini cedit, fac, ut tua ceteros vincat. Simul et illud cogita, nos non de reliqua et sperata gloria iam laborare, sed de parta dimicare, quae quidem non tam expetenda nobis fuit, quam tuenda est. Ac, si mihi quidquam esset abs te separatum, nihil amplius desiderarem hoc statu, qui mihi iam partus est: nunc vero sic res sese habet, ut, nisi omnia

Nossa situação é tal que, embora todos os homens de bem nos apoiem, também exigem e esperam de nós o mais completo zelo e excelência, enquanto todos os desonestos (contra os quais empreendemos uma guerra sem tréguas) parecem ficar contentes com a menor oportunidade de nos criticar.

42. Sendo assim, uma vez que lhe foi dado um tal teatro — a Ásia inteira — para suas virtudes, o mais lotado de espectadores, o mais imponente no tamanho, o mais refinado no julgamento, e com a acústica a tal ponto ressonante que os aplausos e os clamores alcançam Roma, então lute, eu lhe peço, e trabalhe infatigavelmente, para que aos olhos de todos você não apenas seja digno dessa oportunidade, mas também para que, com sua arte, supere tudo o que houve antes.

XV

43. Além disso, como as circunstâncias me levaram a assumir, entre os magistrados, funções políticas e administrativas na cidade, e a você, na província, se meu desempenho não perde para ninguém, faça com que o seu vença os demais.

Ao mesmo tempo, considere também o seguinte: não estamos mais labutando por uma glória que nos falte e à qual aspiramos, mas lutamos por aquela que já conquistamos; não tínhamos tanta obrigação de desejá-la quanto temos de conservá-la.

Ademais, se porventura minha atividade política fosse independente da sua, eu não desejaria para mim nada além do que já me foi garantido. No momento, contudo, a realidade é tal que, se todos os seus atos e ditos não corresponderem ao

tua facta atque dicta nostris rebus istinc respondeant, ego me tantis meis laboribus tantisque periculis, quorum tu omnium particeps fuisti, nihil consecutum putem. Quod si, ut amplissimum nomen consequeremur, unus praeter ceteros adiuvisti, certe idem, ut id retineamus, praeter ceteros elaborabis. Non est tibi his solis utendum existimationibus ac iudiciis, qui nunc sunt, hominum, sed iis etiam, qui futuri sunt; quamquam illorum erit verius iudicium, obtrectatione et malevolentia liberatum.

44. Denique etiam illud debes cogitare, non te tibi soli gloriam quaerere; quod si esset, tamen non negligeres, praesertim cum amplissimis monumentis consecrare voluisses memoriam nominis tui; sed ea est tibi communicanda mecum, prodenda liberis nostris: in quo cavendum est, ne, si negligentior fueris, non solum tibi parum consuluisse, sed etiam tuis invidisse videaris.

XVI

45. Atque haec non eo dicuntur, ut te oratio mea dormientem excitasse, sed potius ut currentem incitasse videa-

nível que atingi[25], de minha parte acho que, apesar de todo o meu sacrifício e de tão grandes perigos, nos quais você mesmo tomou parte, apesar disso tudo eu não vou ter nenhuma conquista.

Mas se, para que eu conquistasse a mais eminente reputação, você, em especial, colaborou mais que qualquer outro, da mesma forma, para mantê-la, você, acima de todos, vai com certeza trabalhar arduamente.

Você não deve levar em conta apenas a opinião e o julgamento das pessoas que vivem hoje, mas também das futuras gerações: a bem da verdade, o julgamento destas é que será mais justo, livre de picuinhas e inveja.

44. Finalmente, você também deve considerar que não está em busca de glória só para você — e mesmo que fosse, ainda assim não seria negligente com ela, principalmente porque, com os mais magníficos monumentos, você quis sacramentar a memória de seu nome —, mas tem a obrigação de dividi-la comigo e transmiti-la aos nossos filhos.

Quanto a isso, é bom tomar cuidado, para que, caso você venha a ser negligente demais, não pareça nem que é pouco cuidadoso com sua própria reputação, nem invejoso da de seus familiares.

XVI

45. E tudo isso não está sendo dito para causar a impressão de que minhas palavras o acordam do sono, mas, ao contrário, o incitam na corrida.

---

[25] Cícero havia sido cônsul, o cargo máximo da carreira política romana, vencendo as eleições mencionadas na carta anterior.

tur; facies enim perpetuo, quae fecisti, ut omnes aequitatem tuam, temperantiam, severitatem integritatemque laudarent. Sed me quaedam tenet propter singularem amorem infinita in te aviditas gloriae; quamquam illud existimo, cum iam tibi Asia sic, uti uni cuique sua domus, nota esse debeat, cum ad tuam summam prudentiam tantus usus accesserit, nihil esse, quod ad laudem attineat, quod non tu optime perspicias et tibi non sine cuiusquam hortatione in mentem veniat quotidie; sed ego, quia, cum tua lego, te audire, et quia, cum ad te scribo, tecum loqui videor, idcirco et tua longissima quaque epistula maxime delector et ipse in scribendo sum saepe longior.

46. Illud te ad extremum et oro et hortor, ut, tamquam poetae boni et actores industrii solent, sic tu in extrema parte et conclusione muneris ac negotii tui diligentissimus sis, ut hic tertius annus imperii tui tamquam tertius actus perfectissimus atque ornatissimus fuisse videatur: id facillime facies, si me, cui semper uni magis quam universis placere voluisti, tecum semper esse putabis et omnibus iis rebus, quas dices et facies, interesse. Reliquum est, ut te orem, ut valetudini tuae, si me et tuos omnes valere vis, diligentissime servas. Vale.

Na verdade, você vai continuar fazendo, sem cessar, o que já fez, conquistando o elogio unânime de sua justiça, moderação, seriedade e integridade.

Contudo, por causa de uma afeição especial, sou arrebatado por um desejo infinito de vê-lo rodeado de glórias; aliás, acredito que, dado o fato de que você já deve conhecer a Ásia como cada um conhece a própria casa, e o fato de que à sua suprema ponderação somou-se uma grande experiência, não há nada, concernente à fama, que você não compreenda perfeitamente e que, sem a exortação de quem quer que seja, venha à sua cabeça diariamente.

No entanto, quando leio suas cartas, pareço ouvi-lo, e quando lhe escrevo, pareço falar com você; justamente por isso, quanto mais longa elas são, mais me deleito, e eu mesmo, ao escrever, quase sempre me excedo.

46. Termino esta carta pedindo e insistindo tal qual fazem os bons poetas e os atores de alto nível, que você seja mais cuidadoso na última etapa e na conclusão de suas tarefas e atividades, a fim de que o terceiro ano de seu governo, como o terceiro ato de um espetáculo, dê a impressão de ter sido o mais perfeito e belo.

Isso você fará com a maior facilidade, se acreditar que eu — a quem sempre, acima de todos, você quis agradar — estarei sempre a seu lado, interessado em tudo o que você disser e fizer.

Só me resta pedir que você, caso deseje o meu bem e o de todos os seus, cuide com o maior zelo possível de sua saúde.

Um abraço e adeus.

SELECTAE CICERONIS SENTENTIAE

PENSAMENTOS POLÍTICOS SELECIONADOS

SELECTAE CICERONIS SENTENTIAE

A nobis agentur omnia diligenter, ut nec, si quid obtineri poterit, non contendamus, nec, si quid non obtinuerimus repulsi esse uideamur.
(Epistulae ad familiares, I, 5a.3 — ad P. Lentulum)

In quo (triumpho), ut praecipis, nec me κεκόν in expetendo cognosces nec άτυφον in abiciendo.
(Epistulae ad Atticum, VI, 9.2)

Neque permanendum in una sentencia, conuersis rebus ac bonorum uoluntatibus mutatis, sed temporibus assentiendum. Nunquam enim in praestantibus in re publica gubernanda uiris laudata est in una sentencia perpetua permansio; sed, ut in nauigando tempestati obsequi artis est, etiamsi portum tenere non queas, cum uero id possis mutata uelificatione assequi, stultum est eum tenere cum periculo cursum quem ceperis, potius quam, eo commutato, quo uelis

PENSAMENTOS POLÍTICOS SELECIONADOS

AS ESTRATÉGIAS

Devemos agir com muita atenção, para não deixarmos de lutar pelo que pode ser obtido, e para não parecermos derrotados no que não obtivermos.
(Cartas aos amigos, I, 5a.3 — a Públio Lêntulo)

Em relação ao meu triunfo[1], você vai perceber que, conforme sua recomendação, nem serei tão presunçoso a ponto de requerê-lo, nem tão pouco vaidoso a ponto de rejeitá-lo.
(Cartas a Ático, VI,9.2)

Não se deve permanecer apegado a uma mesma opinião, quando as circunstâncias se alteram e as intenções dos homens de bem mudam, mas se deve adequar ao momento. Com efeito, nunca, tratando-se de líderes que dirigem o Estado, nunca se elogiou o apego eterno a uma mesma opinião; ao contrário, assim como, na arte de navegar, é prova de habilidade seguir o movimento da tempestade, mesmo que não se consiga alcançar o porto, e, assim que possível, mudando a posição das velas, ir em direção a ele, e é estúpido, em caso de perigo, manter o curso originalmente traçado, em vez de,

---

[1] O Triunfo era uma grande parada militar feita em homenagem a um comandante, por alguma vitória expressiva nas batalhas.

tandem peruenire, sic, cum omnibus nobis in administranda re publica propositum esse debeat id, quod a me saepissime dictum est, cum dignitate otium, non idem semper dissere, sed idem semper dicere, sed idem semper spectare debemus.
(Epistulae ad familiares, I, 9.21 – ad P. Lentulum)

Opprimemini, mihi crede, Brute, nisi proiuderitis; neque enim populum semper eundem habebitis neque senatum neque senati ducem,
(Epistulae ad. M. Brutum, I, 2)

Quae in multitudine cum contentione habetur oratio, ea saepe, uniuersam excitat gloriam, magna est enim admiratio copiose sapienterque dicentis; quem qui audiunt intellegere etiam et sapere plus quam ceteros arbitrantur.
(De Officiis, II, XIV.48)

Optimus est orator qui dicendo animos audientium et docet et delectat et permouet. Docere debitum est, delectare honorarium, permouere necessarium.
(De Optimo Genere Oratorum, I.3)

Videndumque illud est, quod, si opulentum fortunatumque defenderis, in uno illo aut, si forte, in liberis eius manet gratia; sin autem inopem, probum tamen et modestum, omnes non improbi humiles, (quae magna in populo multitudo est)

adaptando-o, chegar finalmente aonde se quer, da mesma forma, se para todos nós, na administração pública, o objetivo deve ser aquele que tantas vezes foi dito por mim, a saber, paz com dignidade, não devemos ficar sempre declarando isso, mas devemos ter sempre isso em vista.
(Cartas aos Amigos, I, 9.21 — a Públio Lêntulo)

Vocês serão derrotados, creia-me, Bruto, se não olharem para o futuro; pois nem o povo será sempre o mesmo, nem o Senado, nem o líder do Senado.
(Cartas a Marco Bruto, I, 2)

A CONQUISTA DE PRESTÍGIO

Participar de um debate em público quase sempre provoca uma glória absoluta, pois é grande a admiração por alguém que fala com eloquência e sabedoria; os quais o ouvem, imaginam que ele é mais inteligente e mais sábio que os demais.
(Dos Deveres, II, XIV.48)

O melhor orador é aquele que, ao discursar, instrui, deleita e comove o espírito dos ouvintes. Instruir é uma obrigação, deleitar, um brinde, comover, uma necessidade.
(O Melhor Tipo de Orador, I.3)

Deve-se observar que, se você defender um homem rico e afortunado, somente nele ou, quiçá, em seus filhos, permanecerá a gratidão; mas se for pobre, desde que honesto e educado, todas as pessoas humildes que não forem desonestas (as quais compõe a maioria da população) vão imaginá-lo

praesidium sibi paratum uident. Quamobrem melius apud bonos quam apud fortunatos beneficium collocari puto.
(De Officiis, II, XX.70-71)

Summa et perfecta gloria constat ex tribus his: si diligit multitudo, si fidem habet, si cum admiratione quadam honore dignos putat.
(De Officiis, II, IX.31)

Totius facti tui iudicium non tam ex concilio tuo, quam ex euentu homines esse facturos.
(Epistulae ad familiares, I,7.5)

Hoc animo fui semper ut inuidiam uirtute partam gloriam, non inuidiam putarem.
(In Catilinam, I, 29)

Illae ambitiosae nostrae fucosaeque amicitiae sunt in quodam splendore forensi, fructum domesticum non habent. Itaque, cum bene completa domus est tempore matutino, cum ad fóorum stipati gregibus amicorum descendimus, reperire ex magna turba neminem possumus, quocum aut iocari libere aut suspirare familiariter possimus.
(Epistulae ad Atticum, I, 18.1)

disposto a protegê-las. Por isto, acho melhor fazer favores aos bons que aos afortunados.
(Dos Deveres, II, XX.70-71)

A FAMA

A mais elevada e perfeita glória depende de três fatores: se o povo nos ama, se tem confiança em nós e se julga, com uma certa admiração, que somos dignos de respeito.
(Dos Deveres, II, IX.31)

O povo vai julgar o conjunto de seus feitos não tanto por seus planos, quanto pelos resultados.
(Cartas aos Amigos, I, 7.5 — a Públio Lêntulo)

Sempre fui de opinião que a impopularidade gerada por uma atitude correta é glória e não impopularidade.
(Catilinária, I, 29)

AS CONFISSÕES PESSOAIS

Aquelas minhas amizades eleitoreiras, pretensiosas e falsas servem para dar algum brilho nas ruas, mas não me trazem nenhum proveito particular. Por isso, embora minha casa esteja bem cheia já ao amanhecer, embora eu caminhe até a praça central amplamente rodeado por bandos de amigos, não sou capaz de encontrar ninguém, em meio a essa grande massa, com quem possa brincar com liberdade ou suspirar pensamentos mais íntimos.
(Cartas a Ático, I, 18.1)

Non est credibile quae sit perfidia in istis principubus ut uolunt esse, et ut essent si quicquam haberent fidei.
(Epistulae ad Atticum, IV, 5.1)

Iam pridem gubernare me taedebat, etiam cum licebat; nunc uero cum cogar exire de naui non abiectis, sed eriptis gubernaculis, cupio istorum naufragia ex terra intueri.
(Epistulae ad Atticum, II, 7.4)

Nullum est meum peccatum, nisi quod iis credidi a quibus nefas putaram esse me decipi aut etiam quibus ne id expedire quidem arbitrabar. Intimus, proximus, familiarissimus quisque aut sibi pertimuit aut mihi inuidit.
(Epistulae ad Quintum fratrem, I, 4.1)

Quanta uis in re publica temporum sit, quanta uarietas rerum, quam incerti exitus, quam flexibiles hominum uoluntates, quid insidiarum, quid uanitatis in uita.
(Epistuale ad familiares, II, 7.2 – ad C. Curionem)

Non enim iam quam dignitatem, quos honores, quem uitae statum amiserim cogito, sed quid consecutus sim, quid

Não dá para acreditar em quanta falsidade e traição existe naqueles que querem ser nossos líderes políticos, como de fato seriam, se tivessem um mínimo de fidelidade.
(Cartas a Ático, IV, 5.1)

O RESSENTIMENTO

Já faz tempo que governar me aborrece, mesmo quando me era permitido; mas agora, quando sou obrigado a abandonar o comando do navio, não por ter renunciado ao leme, mas por vê-lo arrancado de mim, só o que desejo é acompanhar o naufrágio de todos olhando da terra firme.
(Cartas a Ático, II, 7.4)

Não cometi nenhum erro, a não ser o de ter acreditado em pessoas cuja traição eu julgava um sacrilégio hediondo ou então, pensava, algo que nem sequer lhes interessava. Cada amigo mais íntimo, mais próximo, mais familiar ou temeu por si ou invejou a mim.
(Cartas ao Irmão Quinto, I, 4.1)

OS MOMENTOS DIFÍCEIS

Como é grande, em política, o poder das circunstâncias, como é grande a instabilidade dos acontecimentos, como são imprevisíveis os resultados, como são volúveis as preferências das pessoas, quantas traições, quanta vaidade nesta vida.
(Carta aos Amigos, II, 7.2 — a Caio Curião)

Realmente, já não fico pensando na dignidade, nas honrarias, na posição social que perdi, mas no que conquistei, no que realizei, na fama que me acompanhou pela vida e, enfim,

praestiterim, qua in laude uixerim, his denique in malis quid intersit inter me et istos quos propter omnia amisimus.
(Epistulae ad Atticum, X, 4.1)

Ego uero, qui, si loquor de re publica quod oportet, insanus, si quod opus est, seruus existimor, si taceo, oppressus et captus.
(Epistulae ad Atticum, IV, 6.2)

Inimici mei mea mihi, non me ipsum ademerunt.
(Epistuale ad Atticum, III, 5)

Si tu me uno non sine maerore cares, quid me censes, qui et te et omnibus?
(Epistulae ad Atticum, III, 15.2)

Si mihi eripuisses diuinam animi, mei conscientiam meis curis, uigiliis, consiliis, stare te inuitissimo rem publicam, si huius aeterni beneficii immortalem memoriam deleuisses, multo etiam magis si illam mentem unde haec concilia manarunt mihi eripuisses, tum ego accepisse me confiterer iniuriam. Sed si haec nec fecisti nec facere potuisti, reditum mihi gloriosum iniuria tua dedit, non exitum calamitosum.

em meio à atual desgraça, naquilo que me faz diferente desses corruptos por culpa de quem perdi tudo.
(Cartas a Ático, X, 4.1)

Mas eu, se falo o que se deve sobre o governo, sou considerado um louco, se o que convém, um escravo, e se me calo, um prisioneiro vencido e amordaçado.
(Cartas a Ático, IV, 6.2)

OS ADVERSÁRIOS

Meus inimigos tomaram minhas coisas de mim, mas não tomaram a mim mesmo.
(Cartas a Ático, III, 5; após receber a notícia do exílio)

Se você sente, com grande pesar, falta de mim (de um único amigo), como acha que eu passo, sentindo falta de você e de todos?
(Cartas a Ático, III, 15.2)

Se você[2] tivesse roubado de meu espírito a divina consciência de que, graças a minhas preocupações, vigílias e decisões, para o seu mais completo desgosto a República se manteve em pé, se tivesse apagado a memória imortal deste benefício eterno, e muito mais até, se me tivesse arrancado a mente da qual emanaram estas decisões, aí então eu reconheceria que fui vítima de uma injúria. Mas se você nem fez isso nem teve poder de fazê-lo, foi um retorno glorioso o que me deu a sua injúria, não uma partida calamitosa.
(Os Paradoxos dos Estoicos, 29)

---

[2] Refere-se a Clódio, o mais ferrenho adversário de Cícero e mentor de seu exílio.

His ergo consulimus quibus uictoribus uestigium nostrum nullum relinquetur?
(Epistulae ad M. Brutum, II, 5.5)

Nihil est enim exitiosius ciuitabilus, nihil tam contrarium iuri ac legibus, nihil minus et ciuile est et humanum quam composita et constituta re publica quicquam agi per uim.
(De Legibus, III, XVIII.42)

Mortemne mihi minitaris ut omnino ab hominibus, an exilium ut ab improbis demigrandum sit? Mors terribilis est iis quorum cum uita omnia extinguntur, non iis quorum laus emori non potest; exilium autem illis quibus quase circumscriptus est habitandi locus, non iis qui omnem orbem terrarum unam urbem esse ducunt.
(Paradoxa Stoicorum, 18)

Ea denique uidetur condicio impendere legum, iudiciorum, temporum ut optime actum cum eo uideatur esse qui quam leuissima poena ab hac re publica discesserit.
(Epistulae ad familiares, V, 18.1 – ad T. Fadium)

Nulla enim re tam laeteri soleo quam meorum officiorum conscientia; quibus si quando non mutuo respondetur, apud

Então estamos preocupados com homens[3] que, vitoriosos, não vão deixar o menor vestígio de nós?
(Cartas a Marco Bruto, II, 5.5)

A VIOLÊNCIA POLÍTICA

Realmente, anda é mais nefasto para a sociedade, nada tão contrário ao direito e às leis, nada menos civil e humano que, num Estado estabelecido e organizado, impor algo pela força.
(As Leis, III, XVIII.42)

É com a morte que você fica me ameaçando, a fim de me afastar por completo dos homens, ou com o exílio, a fim de me afastar dos desonestos? A morte é terrível para aqueles que, com o fim da vida, tudo se acaba, não para aqueles cuja glória não pode morrer; o exílio, por sua vez, para aqueles cujo lugar de morar é como que demarcado, não para aqueles que consideram todo o globo terrestre uma única cidade.
(Os Paradoxos dos Estoicos, 18)

Enfim, parece que os termos das leis, dos tribunais e das circunstâncias nos ameaçam de tal modo que devemos considerar o maior dos felizardos quem se afastar da arena política com as menores perdas.
(Cartas aos Amigos, V, 18.1 — a Tito Fádio)

O DEVER CUMPRIDO

Em geral, nada me deixa tão contente quanto a consciência dos serviços que prestei; e se às vezes eles não são recom-

---
[3] Refere-se aos partidários de Marco Antônio, o grande inimigo no final da vida de Cícero.

me plus offici residere facillime patior.
(Epistulae ad familiares, V, 7.2 – ad Cn. Pompeium)

Habetis ducem memorem uestri, oblitum sui, quae non semper facultas datur.
(In Catilinam, IV, 19)

Ego in uita mea nulla umquam uoluptate tanta sum adfectus quanta adficior hac integritate, nec me tam fama – quae summa est – quam res ipsa delectat.
(Epistulae ad Atticum, V, 20.6)

Idque est magni uiri, rebus agitatis, punire sontes, multitudinem conseruare, in omni fortuna recta atque honesta retinere.
(De Officiis, I, XXIV.82)

Magistratus hanc esse uim, ut praesit praescribatque recta et utilia et coniuncta cum legibus. Ut enim magistratibus leges, ita populo praesunt magistratus, uereque dici potest magistratum legem esse loquentem, legem autem mutum magistratum.
(De Legibus, III, 1.2)

Est proprium munus magistratus intellegere se gerere personam ciuitatis debereque eius dignitatem et decus

pensados à altura, tolero com a maior tranquilidade que o saldo dos favores penda para o meu lado.
(Cartas aos amigos, V,7.2 — a Cneu Pompeu)

Você tem um líder que se lembra de vocês e se esquece de si mesmo, um bem que nem sempre existe.
(Catilinária, IV, 19)

Nunca em minha vida senti tão grande prazer quanto tenho sentido por ser honesto, e não é tanto pelo prestígio auferido — que é enorme — quanto pela atitude em si que fico feliz.
(Cartas a Ático, V, 20.6)

O POLÍTICO IDEAL

É próprio do grande homem, quando há turbulências na sociedade, punir os culpados, proteger a multidão e, em qualquer situação, manter a retidão e a honestidade.
(Dos Deveres, I, XXIV.82)

A essência de um magistrado[4] está em comandar e prescrever ações corretas, úteis e conformes às leis, pois, como as leis presidem aos magistrados, assim os magistrados ao povo, e verdadeiramente se pode dizer que um magistrado é uma lei falante, e a lei, um magistrado mudo.
(As Leis, III, I.2)

É obrigação própria do magistrado compreender que age representando o Estado e deve manter a dignidade e o decoro

---
[4] Magistrado, no sistema romano, é todo e qualquer ocupante de um cargo público.

sustinere, seruare leges, iura discribere, ea fidei suae commissa meminisse.
(De Officiis, I, XXXIV.124)

Ut enim tutela, sic procuratio rei publicae ad eorum utilitatem qui commissi sunt, non ad eorum quibus commissa est, gerenda est. Qui autem parti ciuium consulunt, partem neglegunt, rem perniciosissimam in ciuitatem inducunt, seditionem atque discordiam.
(De Officiis, XXV.85)

Est ille prudens qui, ut saepe in Africa uidimus, immami et uastae insidens beluae coercet et regit beluam quocumque uult, et leui admonitu aut tactu inflectit illam feram.
(De Republica, II, XL.67)

Caput est, in omni procuratione negotii et muneris publici, ut auaritae pellatur etiam minima suspicion.
(De Officiis, II, XXI.75)

Si inocentes existimari uolumus, non solum nos sed etiam nostros comites praestare debemus. Primum omnium opera danda est ut eos nobiscum educamus qui nostrae famae capitique consulant; deinde, si in hominibus elegendis nos spes amicitae fefellerit, ut uindicemus, missos faciamus, semper ita uiuamus ut racionem reddendam nobis arbitremur.
(Verrinae, Actionis in C. Verrem Secundae, II, 10.28)

do cargo, salvaguardar as leis, distribuir o direito e lembrar que tudo lhe foi entregue em confiança.
(Dos Deveres, I, XXXIV.124)

Como num caso de tutela familiar, a administração da República deve guiar-se pela conveniência dos que a delegaram, não dos que receberam essa delegação. E quem atende aos interesses de uma parcela dos cidadãos e ignora a outra, introduz na sociedade algo extremamente nefasto, a divergência e a discórdia.
(Dos Deveres, I, XXV.85)

Um político prudente é como o homem que vimos muitas vezes na África e que, montado num elefante selvagem e gigantesco, controla-o e dirige-o para onde quer, e com uma leve palavra ou toque dobra a fera.
(A República, II, XL.67)

O principal, em qualquer administração dos negócios e dos serviços públicos, é rechaçar até mesmo a menor suspeita de ganância.
(Dos Deveres, II, XXI.75)

Se queremos ser considerados inocentes, devemos responder não apenas por nós mesmos, mas também por nossos assessores. Antes de tudo, é preciso prestar atenção para que nos façamos acompanhar por pessoas que se preocupam com nossa reputação e nossa vida; em seguida, se entre alguns homens selecionados a expectativa inspirada pela amizade nos traiu, devemos puni-los, e viver continuamente na crença de que seremos obrigados a prestar contas de nossos atos.
(Verrinas, Segunda Ação contra Caio Verres, II, 10.28)

Comites illi tui delecti manus erant tuae; praefecti, scribae, accensi, medici, haruspices praecones manus erant tuae; ut quisque te máxime congnatione, affinitate, necessitudine aliqua attingebat, ita maxime manus tua putabatur; cohors tota illa, quae plus mali Siciliae dedit quam si centrum cohortes fugitiuorum fuissent, tua manus sine controuersia fuit. Quicquid ab horum quopiam captum est, id non modo tibi datum sed tua manu numeratum iudicari necesse est. Nam si hanc defensionem probabitis – "Non accepit ipse" – licet omnia de pecuniis repetundis iudicia tollatis. Nemo umquam reus tam nocens adducetur qui ista defensione non possit uti.
(Verrinae, Actionis in C. Verrem Secundae, II, 10.27)

Quid? Hoc cuiquam ferendum putas esse, nos ita uiuere in pecunia tenui ut prorsus nihil acquirere uelimus, ut dignitatem mostram populique Romani beneficia non copiis sed uirtute tueamur, istum rebus omnibus undique ereptis impune eludentem circumfluere atque adundare?
(Verrinae, Actionis in C. Verrem Secundae, III, 4.9)

Illi censores fecerunt idem quod, in nostra re publica, solent ii qui per largitionem magistratus adepti sunt:

A CORRUPÇÃO[5]

Os membros de sua equipe, escolhidos por você[6], eram suas mãos; os prefeitos, secretários, oficiais de justiça, médicos, adivinhos, arautos eram suas mãos; quanto mais um deles estava ligado a você por parentesco, afinidade ou compromisso, tanto mais era considerado sua mão; aquela comitiva inteira, que fez mais mal à Sicília do que se fossem cem agrupamentos de escravos rebelados, era inquestionavelmente sua mão. Qualquer propina tomada por eles, não importa o destino, é preciso julgar que não somente foi dada a você, mas dada em dinheiro, nas suas mãos. Pois se esta defesa passar a ser válida — "Ele não recebeu nada pessoalmente" — convém suspender todos os processos de extorsão e peculato. Afinal, não haverá nenhum réu, por mais culpado que seja, que não possa usar essa defesa.
(Verrinas, Segunda Ação contra Caio Verres, II, 10.27)

O quê? Então você acha tolerável que vivamos com poucos recursos, não desejando absolutamente nada a mais, que preservemos nossa reputação e as graças do povo romano não através do dinheiro, mas do caráter, enquanto esse ladrão, permanecendo descaradamente impune, nada em riquezas roubadas por toda parte?
(Verrinas, Segunda Ação contra Caio Verres, III, 4.9)

Aqueles censores[7] agiram do mesmo modo que, em nossa República, costumam agir os que conquistam um cargo

---

[5] Vide também mais adiante, "Os líderes de um país".

[6] Isto é, Caio Verres, ex-governador da Sicília, acusado de corrupção.

[7] Vide nota 9 do primeiro texto deste livro.

dederunt operam ut ita potestatem gererent ut illam lacunam rei familiaris explerent.
(Verrinae, Actionis in C. Verrem Secundae, II, 55.138)

Placent uobis hominum mores? Placet ita geri magistratus ut geruntur? Vultis autem istorum audacias ac libidines aliqua ex parte resecare? Desinite dubitare utrum sit utilius propter multos improbos uni parcere an unius improbi supplicio multorum improbitatem coercere.
(Verrinae, Actionis in C. Verrem Secundae, III, 89.208)

A.d. IIII Nonas Quintiles Sufenas et Cato absoluti, Procilius condemnatus. Ex quo intellectum est τρισαρειοπαγί taj ambitum, comitia, interregnum, maiestatem, totam denique rem publicam flocci non facere.
(Epistulae ad Atticum, IV, 15.4)

Inueterauit iam opinio perniciosa rei publicae nobisque periculosa – quae non modo Romae sed etiam apud exteras nationes omnium sermone percrebruit – his iudiciis, quae nunc sunt, pecuniosum hominem, quamuis sit nocens, neminem posse damnari.
(Verrinae, In C. Verrem Actio Prima, 1.1)

público através da compra de votos: eles cuidaram de exercer o poder buscando recuperar o rombo no patrimônio pessoal.
(Verrinas, Segunda Ação contra Caio Verres, II, 55.138)

Vocês estão satisfeitos com o comportamento desses homens? Estão satisfeitos com o modo como os políticos nos governam? Ou desejam restringir, ao menos em parte, seus atos presunçosos e morais? Então, deixem de ter dúvida sobre o que é melhor: se, já que são muitos os desonestos, poupar um; ou se, com o castigo de um único desonesto, coibir a desonestidade de muitos.
(Verrinas, Segunda Ação contra Caio Verres, III, 89.208)

O DESVIRTUAMENTO DA JUSTIÇA

No dia 4 de julho, Sufenas e Catão foram absolvidos, Procílio condenado. Disso conclui-se que esse tribunal "tão severo" não se importa nem um pouco com suborno, eleições, vacância de cargo, má gestão pública, em suma, com todo o Estado.
(Cartas a Ático, IV, 15.4)

Sedimentou-se com o passar do tempo a opinião, prejudicial para o país e para todos nós perigosa — e amplamente difundida não apenas em Roma mas também nas nações estrangeiras — de que, em nossos tribunais, como se encontram hoje, nenhum homem rico, por mais criminoso que seja, pode ser condenado.
(Verrinas, Primeira Ação conta Caio Verres, 1.1)

Id enim iniustissimum ipsum est iustitae mercedem quaerere.
(De Legibus, I, XVIII.49)

Si uero ius suum populi teneant, negant quicquam esse praestantius, liberius, beatius, quippe qui domini sint legum iudiciorum, belli, pacis, foederum, capitis unius cuiusque, pecuniae: hanc unam rite rem publicam, id est rem populi, appellari putant.
(De Republica, I, XXXII.48)

Non minus esset probanda medicina quae sanaret uitiosas partes rei publicae quam quae exsecaret.
(Epistulae ad Atticum, II, 1.7)

Est res publica, res populi, populus autem non omnis hominum coetus quoquo modo congregatus, sed coetus multitudinis iuris consensu et utilitatis communione sociatus. Euis autem prima causa coeundi est non tam imbecillitas quam naturalis quaedam hominum quasi congregatio; non est enim singulare nec soliuagum genus hoc.
(De Republica, I, XXV.39)

Omnis populus, qui est talis coetus multitudinis qualem exposui, omnis ciuitas, quae, ut dixi, populi res est, consilio quodam regenda est, ut diuturna sit. Id autem consilium

Na verdade, o mais injusto de tudo é cobrar um preço pela justiça.
(As Leis, I, XVIII.49)

O ESTADO DEMOCRÁTICO

Se o povo sabe preservar seus direitos, está criando um regime político incomparavelmente mais maravilhoso, mais livre e mais feliz, pois ele é senhor das leis, da justiça, da guerra, da paz, dos acordos, da vida e dos bens de cada cidadão: somente assim pode-se usar, com toda a propriedade, a palavra "república", isto é, a coisa do povo.
(A República, I, XXXII.48)

É preferível um remédio que cure as partes defeituosas da democracia do que um que as apague.
(Cartas a Ático, II, 1.7)

É da república a coisa do povo, mas o povo não é toda união de pessoas de qualquer modo congregadas, mas a união de muitas pessoas associadas pelo consenso das leis e pela utilidade comum. E a primeira causa dessa união não é tanto a fragilidade, mas uma certa tendência natural das pessoas à sociabilidade; de fato, não é uma espécie solitária e eremita a nossa.
(A República, I, XXV.39)

Todo povo, que é a união de pessoas tal qual comentei, toda comunidade, que é a organização do povo, toda república, que, como disse, é a coisa do povo, deve ser governada por algum parlamento, para ser permanente. Mas esse parla-

primum semper ad eam causam referendum est, quae causa genuit ciuitatem.
(De Republica, I, XXVI.41)

Quid est enim ciuitas nisi iuris societas?
(De Republica, I, XXXII.49)

Nisi aequabilis haec in ciuitate compensatio sit et iuris et officii et muneris, ut et potestatis satis in magistratibus et auctoritatis in principum consilio et libertatis in populo sit, non posse hunc incommutabilem rei publicae conseruari statum.
(De Republica, II, XXXIII.57)

Magistratibus igitur opus est, sine quorum prudentia ac diligentia esse ciuitas non potest.
(De Legibus, III, II.5)

-Quid esse censes discendum nobis?
-Eas artis quae efficiant ut usui ciuitati simus; id enim esse praeclarissimum sapientiae munus maximunque uirtutis uel documentum uel officium puto.
(De Republica, I, XX.33)

In hac libidinae hominum nocentissimorum, in populi Romani cotidiana querimonia, iudiciorum infamia, totius ordinis offensione, cum hoc unum his tot incommodis

mento, em primeiro lugar, deve ter sempre, como referência, a mesma causa que gerou a comunidade.
(A República, I, XXVI.41)

O que é, na verdade, um Estado, senão uma sociedade de direito?
(A República, I, XXXII.49)

Se não houver no Estado um equilíbrio perfeito dos deveres e das obrigações, de tal forma que haja suficiente poder entre os magistrados, autoridade entre os líderes do Parlamento e liberdade entre o povo, é impossível conservar-se estável a situação do país.
(A República, II, XXXIII.57)

É necessário, pois, que haja magistrados, sem cuja prudência e zelo não pode haver um Estado.
(As Leis, III, II.5)

O CIDADÃO PLENO

— O que você pensa que devemos aprender?
— As artes que fazem com que sejamos úteis à sociedade; isso, na verdade, é a mais esplêndida função da sabedoria, e a maior prova e o maior dever da virtude, em minha opinião.
(A República, I, XX.33)

Em meio à satisfação dos criminosos mais nocivos, em meio a lamentação cotidiana do povo romano, a má reputação dos tribunais, o mal-estar provocado pela classe inteira dos parlamentares, nessa conjuntura existe um único remé-

remedium esse arbitrarer: ut homines idonei atque integri causam rei publicae legumque susciperent.
(Verrinae, In Q. Caecilium, 3.9)

Omnes qui alterum, iudices, nullis impulsis inimicitiis, nulla priuatim laesi iniuria, nullo praemio adducti in iudicium rei publicae causa uocant, prouidere debent non solum quid oneris in praesentia tollant, sed quantum in omnem uitam negotii suscipere conentur. Legem enim sibi ipsi dicunt innocentiae, continentiae, uirtutumque omnium, qui ab altero rationem uitae reposcunt, atque eo magis si id, ut ante dixi, faciunt nulla re commoti alia nisi utilitate communi.

Nam qui sibi hoc sumpsit, ut corrigat mores aliorum ac peccata reprehendat, quis huic ignoscat si qua in re ipse ab religione officii declinarit? Quapropter hoc etiam magis ab omnibus eius modi ciuis laudandus ac diligendus est, quod non solum ab re publica ciuem improbum remouet, uerum etiam se ipsum eius modi fore profitetur ac praestat ut sibi – non modo communi uoluntate uirtutis atque officii, sed etiam ui quadam magis necessaria – recte sit honesteque uiuendum.
(Verrinae, Actionis in C. Verrem Secundae, III, 1.1-2)

dio para tantos males, segundo penso: que os homens idôneos e íntegros assumam a defesa do Estado e das leis.
(Verrinas, Contra Quinto Cecílio, 3.9)

Todos aqueles, senhores juízes, que acusam uma outra pessoa num tribunal e o fazem não movidos pela inimizade, não lesados por uma injúria de caráter particular, não seduzidos por uma recompensa, mas, mas por patriotismo, devem ter em vista não só o ônus que carregam no presente, mas a grande responsabilidade que se propõem a sustentar por toda a vida. De fato, impõe a si mesmos uma lei de integridade, de autocontrole, de todas as virtudes, os que cobram de outro homem os atos da vida, e ainda mais se, como disse antes, fazem isso levados por nenhum outro interesse, exceto o bem comum.

Com efeito, quando um homem assume a tarefa de corrigir o comportamento dos demais e repreender seus erros, quem o perdoa se, numa situação qualquer, ele se desvia do sagrado cumprimento do dever? Portanto, um cidadão que age assim deve ser ainda mais louvado e amado por todos, e não só por retirar da sociedade um elemento desonesto, mas principalmente por declarar e garantir que continuará agindo assim, obrigando-se --- não apenas por um desejo humanamente normal de virtude e dever, mas também por uma força peculiar mais coercitiva — a viver reta e honestamente.
(Verrinas, Segunda Ação contra Caio Verres, III, I.1-2)

Sed quaero, quid reapse sit turpius quam sine procuratione senator legatus, sine mandatis, sine ullo rei publicae munere?
(De Legibus, III, VIII.18)

Nullum uitium taetrius est quam auaritia, praesertim in principibus et rem publicam gubernantibus. Habere enim quaestui rem publicam non modo turpe est, sed sceleratum etiam et nefarium. Nulla autem re conciliare facilius beneuolentiam multitudines possunt ii qui rei publicae praesunt quam abstinentia et continentia.
(De Officiis, II, XXII.77)

Ego autem nobilium uita uictuque mutato mores mutari ciuitatum puto. Quo perniciosius de re publica merentur uitiosi príncipes, quod non solum uitia concipiunt ipsi, sede ea infundunt in ciuitatem, neque solum obsunt, quod ipsi corrumpuntur, sed etiam quod corrumpunt, plusque exemplo quam peccato nocent.
(De Legibus, III, XIV.32)

Ut enim cupiditatibus principium et uitiis infici solet tota ciuitas, sic emendari et corrigi continentia.
(De Legibus, III, XIII.30)

OS LÍDERES DE UM PAÍS

Mas eu pergunto, o que é mais infame do que um parlamentar, sem ter um encargo definido, ir em uma missão ao exterior, sem instruções, sem nenhuma função ligada ao Estado?
(As Leis, III, VIII.18)

Nenhum vício é mais abominável que a ganância, sobretudo entre os líderes e governantes da República. De fato, tirar proveito do Estado, não apenas é torpe, mas hediondo e nefasto. Aliás, nada pode conquistar mais facilmente o apreço da multidão para os dirigentes do Estado que a sobriedade e o autocontrole.
(Dos Deveres, II, XXII.77)

De minha parte, penso que, mudando o estilo e o padrão de vida da elite, muda-se o comportamento da sociedade. Por isso, fazem muito mal à República os políticos corruptos, pois não apenas se impregnam de vícios eles mesmos, mas os infundem na sociedade, e não apenas a prejudicam por se corromperem, mas também porque a corrompem, e são mais nocivos pelo exemplo do que pelo crime.
(As Leis, III, XIV.32)

De fato, assim como a ganância e os vícios dos líderes políticos costumam infectar toda a sociedade, a sobriedade a emenda e corrige.
(As Leis, III, XIII.30)

Est ergo ulla res tanti aut commodum ullum tam expetendum ut uiri boni et splendorem et nomen amittas?
(De Officiis, III, XX.82)

Primum enim obsistitur cum agitur seuere; deinde ui opprimi in bona causa est melius quam malae cedere.
(De Legibus, III, XV.34)

Non recordor unde ceciderim, sed unde surrexerim.
(Epistuale ad Atticum, IV, 18.2)

FILOSOFIA DE VIDA

Será que existe alguma coisa de tanto valor ou alguma vantagem tão desejável que compense sacrificar a glória e o prestígio de homem de bem?
(Dos Deveres, III, XX.82)

Em primeiro lugar, enfrenta-se oposição quando se age com rigor; em segundo lugar, ser derrotado lutando por uma boa causa é melhor que ceder a uma má.
(As Leis, III, XV.34)

Não fico lembrando de onde caí, mas de onde me reergui.
(Cartas a Ático, IV, 18.2)

©Copyright 2020
Todos os direitos reservados
Editora Nova Alexandria Ltda.

Formato 14 x 21 cm
CAPA - Papel Cartão 250 g
MIOLO - Papel Couchê Fosco 120 g